# オリンピックの輝き

Olympic & Paralympic
The Stories:
1912–2020

# ここにしかない物語

佐藤次郎
SATO Jiro

1912年ストックホルム大会。日本初参加の開会式で行進する日本選手団。旗手は三島彌彦（陸上短距離）、左端は団長の嘉納治五郎、日の丸の陰には金栗四三（マラソン）がいる。（本文p.18、p.20）

1928年アムステルダム大会。陸上男子三段跳びで歴史に残る日本初の金メダルを獲得した織田幹雄。（本文p.26）

1928年アムステルダム大会。日本女性として初めてオリンピックに参加した人見絹枝（左）が陸上800㍍で銀メダルを獲得。ドイツのラトケ夫人（右）に次いで2位に。（本文p.28）

1932年ロサンゼルス大会。馬術障害飛越競技で愛馬ウラヌス号に騎乗し金メダルを獲得した、陸軍中尉西竹一。（本文p.30）

1952年ヘルシンキ大会。練習を終えプールから上がる古橋廣之進。アメーバ赤痢にかかり水泳400㍍自由形8位に終わったが、その力泳は敗戦後の日本に勇気を与えた。（本文p.50）

1952年ヘルシンキ大会。大阪市の自宅でスパイクの手入れをする吉川綾子(1950年撮影)。女子陸上界のホープとして、19歳で戦後初のオリンピック参加を果たした。(本文p.58)

1960年ローマ大会。アベベ・ビキラ（エチオピア）は、「裸足」でマラソンに出場。アブドベセレム・ラディ（モロッコ）を引き離し、2時間15分16秒の世界最高記録を打ち立てた。（本文p.78）＊

上：
1964年東京大会。開会式で聖火台に点火した、最終聖火ランナー坂井義則。トーチを掲げ背筋を伸ばして立つ19歳の姿は、戦後復興の象徴として語り継がれた。（本文p.82）

下：
1964年東京大会。世界の頂点の一角アルゼンチンを3－2で下し、喜ぶサッカー日本代表の選手たち（左、白いユニホーム）。右は肩を落とすアルゼンチンの選手たち。（本文p.88）

1964年東京大会。延々9時間も続いた陸上・
棒高跳びの激闘。夜の闇の中でハンセン（米国）
が5㍍10を跳び優勝した。（本文p.100）

1964年東京大会。マラソンのゴール目前でヒートリー（英国）の追い上げを受ける円谷幸吉。ペースを崩さず、銅メダルを獲得した。（本文p.112）

1968年メキシコシティー大会。ワルシャワ条約機構軍が祖国チェコスロバキアに侵攻した直後、ベラ・チャスラフスカはライバルのソ連勢を圧倒し、体操で4つの金メダルを獲得した。（本文p.142）

1968年メキシコシティー大会。陸上の表彰式で黒い手袋の拳を突き上げるトミー・スミスとジョン・カルロス（米国）。黒人差別に抗議したブラックパワー・サリュートであった。（本文p.144）**

左：1972年ミュンヘン大会。男子バレーボールで悲願の優勝を果たし、選手に胴上げされる松平康隆監督。（本文 p.150）

下：1964年東京大会。パラリンピック日本選手団の結団式では、常陸宮さまから選手団長の中村裕に国旗が渡された。（本文 p.188）

2016 年リオデジャネイロ大会。パラリンピック陸上・走り高跳びに出場した鈴木徹。世界で２人目の義足の２メートルジャンパーである。（本文 p.206）

1988 年ソウル大会。射撃女子スポーツピストルで銀メダルを獲得した 25 歳の長谷川智子。大阪府警巡査長を務めていた。（本文 p.210）

1996年アトランタ大会。開会式で聖火の最終点火者として登場した54歳のモハメド・アリ。かつてのボクシング世界チャンピオンの手は、パーキンソン病で震えていた。右はジャネット・エバンス。（本文p.226）

2004年アテネ大会。ボートの男子軽量級ダブルスカルで6位になった武田大作（左）と浦和重（右）。武田は1996年のアトランタを皮切りに、シドニー、アテネ、北京、ロンドンの5大会に出場した。（本文p.246）

スポーツクライミングのボルダリングのＷ杯で21回、ジャパンカップで11回の優勝を重ねている野口啓代。オリンピック競技となった2020年東京大会への期待がかかる。（本文p.270）

オリンピックの輝き　ここにしかない物語

目次

まえがき……6

## 第1章　黎明《れいめい》　1912年ストックホルム～(1940東京)……9

三島彌彦／金栗四三／熊谷一彌／内藤克俊／織田幹雄／人見絹枝／西竹一／城戸俊三／サッカー代表チーム／西田修平・大江季雄／前畑秀子／副島道正

## 第2章　再出発　1952ヘルシンキ～1960ローマ……43

古橋廣之進／橋爪四郎／エミール・ザトペック／霜鳥武雄
吉川綾子／吉野トヨ子／五人のサムライ／ロン・クラーク／石本隆／米倉健治／高橋ヨシ江／東北大クルー／穂積八洲雄／山中毅／アベベ・ビキラ

第3章　世紀の祭典　1964東京……81
坂井義則／ホッケー代表チーム／三宅義信／サッカー代表チーム／ヨットFD級選手／佐々木吉蔵／吉田義勝／田中聰子／バスケットボール代表チーム／ハンセンとラインハルト／フルーレ団体チーム／八百㍍リレーチーム／小野清子／花原勉／中谷雄英／円谷幸吉とパートナー／早田卓次／バレーボール男子代表チーム／小野喬／土門正夫

第4章　過渡期　1968メキシコシティー～1976モントリオール……129
加藤明／デットマール・クラマー／ベラ・チャスラフスカ／ブラックパワー・サリュート／田口信教／竹田恆和／男子バレーボールチーム／アベリー・ブランデージ／生井けい子／五十嵐久人／道永宏／上村春樹

第5章　激動の記憶　1980モスクワ～1984ロサンゼルス……163
長義和／津田眞男／瀬古利彦／室伏重信／富山英明／森末慎二

第6章　パラリンピック　1964東京〜2016リオデジャネイロ……177
中村裕／初の選手たち／須崎勝巳／星義輝／尾崎峰穂／岡紀彦／臼井二美男／浦田理恵／成田真由美／鈴木徹

第7章　発展　1988ソウル〜1996アトランタ……209
長谷川智子／井上悦子／太田章／岩崎恭子／ドリームチーム／古賀稔彦／有森裕子／杉浦正則／モハメド・アリ

第8章　新世紀　2000シドニー〜2016リオデジャネイロ……229
古章子／高橋尚子／ファン・アントニオ・サマランチ／長谷場久美／鈴木桂治／赤石光生／平原勇次／上野由岐子／武田大作／小原日登美／石原奈央子／水球代表チーム

## 第9章　2020へ


2020東京……263
金戸ファミリー／青梅のカヌー／宇津木麗華／野口啓代／長島理／喜友名諒／宮﨑大輔

コラム1　黎明期のサムライたち……11
コラム2　憎しみも溶かした快泳……44
コラム3　世界に「人間力」を見せつけた……122
コラム4　激動と向き合った時代……130
コラム5　そこにしかない輝き……179
コラム6　「模索の時代」を超えて……254

あとがき……278

年表……280
参考文献……284


※（文中の日付は現地時間）

# まえがき

オリンピックは大河のようなものだ。時代を超え、歴史を超えてどこまでも続いていく大河である。

それは世界中のさまざまな国や地域を貫いている。さまざまな文化や風土、さまざまな民族とともに悠然と流れていく。さまざまな人々の歓喜や無念を、あるいは感激や悔恨をのみ込んで、深みと幅をさらに増していく。時には行く手を阻む障害も現れるが、それもまたそのままのみ込んで、流れを止めることはない。その姿にはまさしく大河の趣がある。

近年はその横にパラリンピックが並ぶようになった。こちらも同じように幅広く、深い流れを形づくりつつある。異なった味わいを持ち、だが、寄り添って流れる二つの大河だ。

そこには多くの選手たちがありったけの情熱をそそぎ込んできた。選手だけではない。コーチ、審判、大会スタッフ、スポーツ団体のメンバー、記者やアナウンサー、中継放送のディレクター、そしてファンたち。大勢の人々が特別な思いをそそいできた。なんといっても、オリンピックとパラリンピックはおのおの唯一無二の存在なのだ。だからこそ、その流れは時代を超えて途切れずに続いてきたのである。

一八九六年に第一回大会を開いた近代オリンピック。八競技、四十三種目が行われ、十四カ国から二百四十一人の選手が参加して、最初の足跡がアテネでしるされた。以来、四年に一度のオリンピックは、大戦による三回の中止を含みながらも、世界中から愛される至高の祭典として回を重ね、夏季大会の開催はもう三十回を超えている。日本も、一九一二年の第五回ストックホルム大会に初めて選手を送って以来、参加を許されなかった戦後の一回と、ボイコットに加わった一九八〇年モスクワ大会を除いて、ずっと選手を晴れの舞台に送ってきた。

一方のパラリンピックは、英国・ストークマンデビル病院で始まった競技会を源流としている。それがしだいに発展し、本格的な国際大会となっていったのだ。国際パラリンピック委員会が設立されたのち、第一回パラリンピックと認定されたのは一九六〇年のローマ大会。以降、夏季大会は十五まで回数を伸ばしている。

これまで夏季オリンピックに出場した選手の数を、第一回の二百四十一人から足していってみた。二〇一六年のリオ大会までを合計すると、なんと十五万六千人ほどにも上っている。夏季パラリンピックの方は、およそ三万七千人。その一人一人がそれぞれに、この至高の舞台にかける自分だけの特別な思いを抱いていたに違いない。四年に一度しかないチャンスに、その思いのすべてをそそぎ込んだに違いない。

そうしてみると、この二つの大河には、さまざまな人生が紡いだ、数十万にも及ぶ物語が溶け込んでいると言えるだろう。人々の情熱に彩られた、ここでしか生まれ得ない物語の数々である。他のどこにもない味わいが、そこには秘められている。

それでは、流れのあちこちから物語のいくつかをすくい取ってみることにしよう。思いつくままに手を伸ばせばいい。どこでもかまわない。どんな時代のどんな話であれ、そこにはオリンピック、パラリンピックならではの輝きがきらめいているはずだからだ。

佐藤次郎

# 第1章 黎明

1912 ストックホルム～1936 ベルリン，
（1940 東京）

コラム

Column

# 1

## 黎明期のサムライたち

いまは歴史のはるか彼方に霞んでいる数々の足跡。それらをあらためて振り返っていると、思わず胸が熱くなることがある。まだ見ぬ世界へと先頭を切って歩む姿が、決死の覚悟で武者修行へと出ていく戦国の世の武芸者や、未知の大海原に船出する中世の冒険家をふと思わせたりもするからだ。日本のスポーツの黎明期にオリンピックへと赴いた選手たち。彼らはまさしく、未踏の荒野を一人行くサムライだったのである。

先達はいない。すべてを自分一人で考え、工夫しなければならない。そんな先駆者の苦闘といえば、まず思い浮かぶのは日本初のオリンピアンの一人、金栗四三だ。

金栗が本格的に走り始めたころは、長距離を走るという行為自体が冒険だった。「一體十里を走れるか、之が僕には疑問であつた」と金栗本人も記している。ストックホルム大会に向けた予選会で初めてマラソンを走った時は、優勝したものの、走り終えた後に「急に腰が抜けて、倒れんとし」た。予選会を目指しての練習ではほとんど水分を取らずに走り続け、脱水症状で倒れる寸前に至っていた。トレーニング方法の知識も情報もなかった時代。いま考えれば、練習も命の危険と隣り合わせだったというわけだ。

当時の長距離走を象徴するものといえば「足袋」だろう。競技用シューズなどはまだ日本に入ってきていない。金栗をはじめとする走者たちは足袋を厚い布で補強して履いた。とはいえ、布でいくら補強しても長い距離を走るのには無理がある。金栗は、東京高師の近くで足袋店を開いていた「ハリマヤ」と力を合わせて改良を重ね、ゴム底を貼ったり、コハゼの代わりにひもをつけたりしてマラソンシューズとしての機能を追求した。三度のオリンピック出場はすべて足袋で走った。この完成型は「金栗足袋」の名で売り出されることにもなる。

そうして出場したオリンピックはことごとく失敗で終わった。そのたびに気まぐれな天気が本来の走りを阻んだのである。が、この手ひどい挫折こそが「マラソンの父」の真骨頂を引き出す原動力となった。たたきのめされるたびに、「どうすれば世界で戦えるか」の試行錯誤を重ねたのだ。

まず試みたのは「耐熱練習」。千葉・館山の海岸で、二カ月にわたって炎天下を走った。さらに、御殿場で練習会を開いた時には、連日のように富士登山を繰り返した。駅伝競走の草分けともなり、下関—東京間の千二百キロを二十日間で走り切るという快挙もなし遂げた。暑い中でのレースに備え、高地トレーニングを実践し、ウルトラマラソンで走力を磨いたのである。つまりは、その後の長距離走がたどる流れをすべて先取りしていたのだ。それだけではない。自ら考えた練習方法を惜しみなくライバルや後輩に伝えもした。この先導者の存在がなければ、そののちの日本マラソンの隆盛はなかったかもしれない。

東京高師では地理歴史科に籍を置き、卒業後は師範学校などで地理の教師を務めた。教室ではニコニコとやさしい先生だったという。二十二歳で結婚した同郷のスヤ夫人とは終生添い遂げ、六人の子どもにも恵まれた。競技に関しては絶対に妥協しない厳格な姿勢を崩さなかったが、いったんグラウンドを離れればいつも笑顔の穏やかな人柄だったことが、息長い陸上人生の支えになっていたのだろう。

そうして九十二歳で没するまで陸上界に尽くした。自分の栄光と引き替えるかのように、日本の長距離走が発展していくための土台を築いたのが金栗四三の競技人生だったのである。「マラソンの父」という称号にふさわしい生き方だったと言っていい。

ストックホルム出場の後に出した著書「ランニング」には、いかにさまざまな出来事があろうとも「大岩が聳立して不動の姿勢を取つて居る様に」ありたいという一節がある。確かにそれは、若き日に誓った通りの「聳立する不動の大岩」のような生涯だった。

そして未踏の道を拓く努力ではこの人物を忘れるわけにはいかない。日本初の金メダリストとなった織田幹雄は、ただひたすら、よりよいジャンプを目指すためにすべての力をそそぐ求道者だった。

旧制広島一中の「徒歩部」からその選手生活が始まっているように、陸上競技そのものがまだほとんど知られていない時代だった。練習のやり方を教えてくれる指導者などおらず、指導書もなかった。「暗闇の中で、手探りでものを探すような」と本人は述懐している。そこで、身長一六五㌢《チセン》の小柄な体で強くなるための方法は、すべて自分で考えるしかなかった。

そのエピソードで最も印象的なのはこれだろうか。「跳ぶというのは曲げたひざを伸ばして上に伸び上がること。跳躍のためには上に伸び上がる練習をしなきゃならない」と考えて、奇想天外な行動を繰り返すようになったのは、パリのオリンピックに出場して三段跳びの6位入賞にとどまった後だ。高いものと見れば、いつでもどこでも跳びつくようになったのである。

道を歩いていて高い木の枝があれば、すぐさま跳びついた。よその家を訪ねると、跳び上がって天井板に手を触れようとした。「知らない人の目には『変人』にうつったであろう」と本人は振り返っている。それでも、競技に没頭する身としては他人の視線などまったく気にならなかったに違いない。

専門は金に輝いた三段跳びをはじめとする跳躍種目。が、短距離から棒高跳び、ハードル、投てきまで練習し、ついには十種競技でも大会に出場した。自分の可能性をできる限り伸ばそうと思ったからだ。そこまで練習に打ち込んでも、日誌には「何だか心にすきがあった様と思える」と書きつけた。いくら努力しても、けっして立ち止まろうとはしなかったのである。歴史的な金メダルは、そうした日々の中で求道者の手に落ちたのだった。

ちなみに、三段跳びという名称は織田がつけた。それまで、ホップ・ステップ・アンド・ジャンプ、略してホ・ス・ジャンプと呼んでいたのを「日本の言葉にしたい」と考案したのだ。この点でも彼は歴史をつくったのである。

女性の選手をサムライにたとえるのはいささか気がひける。が、人見絹枝にはあえて「サムライ」の冠を贈りたい。たった二十四年の人生。義のために命を捨てた戦国の武士のように、彼女は自らの短い生涯を女子スポーツ発展の大義に捧げたのだ。

陸上競技への女子選手の参加が初めて認められたアムステルダムのオリンピックで、日本女子初の五輪メダルを獲得したのはよく知られている。ただ、その後の二年間の奮闘にも、メダル獲得と同じくらいの、いや、それを上回るほどの価値があった。一九三〇年にチェコスロバキア（当時）のプラハで開かれた第三回国際女子競技大会。発足当初は女子オリンピックと呼ばれたこの大会へ日本チームを参加させることに、彼女はすべてのエネルギーをそそいだ。

自分が出場するだけではない。五人の後輩選手とともに選手団として参加するために、人見は資金調達からかかわり、合宿を組織し、本番の大会ではリーダーとしてチームを率いた。

「師となり母となり、姉となってそれこそ汗みどろの奮闘であった」と評されている。大会後は後輩のために欧州各地を転戦し、帰国後は資金援助への礼を兼ねて各地の講演にも赴いた。その無理がたたって病に倒れたのである。

没したのはその翌年だった。それでも、死の直前には「もう一度前途多忙なスポーツ界に立たなければならないことを強く覺悟している」と書き残している。最後まで、自分でなければできない役割を果たそうとしていたのだろう。彼女は自らの命にかえて日本女子競技の礎を築いたのだ。

金栗四三とともにストックホルム大会で日本初のオリンピアンとなった三島彌彦。明治期の警視総監として知られる三島通庸を父に持ち、スポーツ万能選手として当時のスポーツ愛好者団体「天狗倶楽部」きってのスターでもあった。いよいよストックホルムへと出発する門出の新橋駅頭に、たくさんのきれいどころが見送りにやって来たというエピソードからも、その人気のほどがうかがえる。もちろん、帝大生としての学業にも怠りなかった。友人からこう称賛されているのは、若いながらも傑出した人物と認められていたからだろう。

「三島氏は疾走力に富めるばかりでなく、其人格の偉大なる、体格の完全にして日本男子の好模範たる点に於て、将又、學あり識ある点に於て、真に我が帝国の代表者として活動すべき人」

一方、日本レスリングの魁としてパリ大会でメダル獲得の快挙を果たした内藤克俊を、大会の介添え役を務めた男性はこうたたえた。

「終始正々堂々たる態度は實に日本青年の意氣と體力と人格とを表現するに充分であつた」

開拓者として熱い心を抱きつつ、戦国のもののふのように、勝っても負けても我が道を堂々と歩んでいく。黎明期のオリンピアンは誰もが颯爽としていた。

File. 1

# 三島《みしま》彌彦《やひこ》（1886-1954）

## 1912年ストックホルム大会　陸上

### 歴史の扉を開いたランナー

その若者は先頭に立って大きな日章旗を高く掲げている。白いユニホームの胸にも日の丸。口ひげを蓄えた精悍な表情はやや硬い。一世紀前の写真からは、未知の舞台に臨む初々しい高揚が伝わってくる。

一九一二年のストックホルム大会で日本は初めてオリンピックに参加した。選手は陸上の二人のみ。開会式の入場行進で旗手を務めたのは、その時二十六歳の東京帝大生、短距離ランナーの三島彌彦である。

野球に陸上、柔道に水泳にスキーとスポーツ万能で、かつ帝大法科に学ぶ優秀な学生だった三島。友人の一人は「真に我が国の代表者として世界の檜舞台に立つべき」人間と評している。その颯爽たる文武両道ぶりは、日本が世界に飛躍しようとしていた時代の勢いをそのまま象徴していたと言っていい。

ただ、大会前には帝大総長にこんな悩みを打ち明けてもいた。

「かけっくらをやりに外国に出かけるのは帝大生にとって価値があるだろうか」

オリンピックもまだそんな受け止め方をされていた時代だったのである。

前年の国内予選会では、百㍍決勝を12秒0で制するなど圧倒的な成績で代表に選ばれた三島だったが、五輪本番では世界の厚い壁に直面した。百、二百㍍で予選落ち。四百㍍は脚の痛みで準決勝を棄権。本格的な練習の知識もなく、出発前にアメリカ大使館員からクラウチングスタートを教えてもらっていた身としては、それも致し方ないことだったろう。帰国後、雑誌「運動世界」で彼は率直に語っている。

「お恥ずかしい次第で、とても勝負にはなりませんでした。原因は走力の及ばざる点にあるが、走力を一層鈍らせたものは『孤獨の淋しさ』と云ふものでした。毎日、練習を終つても唯一人茫然として居ると云ふ調子ですから、既に精神的に敗北したと思ひました。せめて五六人位で出場し度いものです」

もう一人の選手はマラソン。初の海外遠征には練習パートナーも相談相手もいなかった。先駆者の悲哀を容赦なく味わされたストックホルム。とはいえ、これが日本のスポーツにとって貴重な一歩だったのは間違いない。その時、三島彌彦は歴史の扉を開く役目を担ったのである。

「スポーツは楽しい」「世界は広い。いろんなスポーツがある」。後年、三島はそんなことをぽつりぽつりと身内に語っていたという。

File.2

# 金栗《かなくり》 四三《しそう》 (1891-1983)

1912年ストックホルム大会 マラソン

## 挫折から学び続けた

一九一二年七月十四日、ストックホルム五輪ではマラソンが行われた。六十八選手がスタートしたが、競技場に帰ってきたのは半分の三十四人という結果になったのは暑さのためである。日本初のオリンピアンの一人として、開会式で「NIPPON」のプラカードを持って行進した金栗四三も、ゴールテープを切れない無念を味わった。

レースは25マイル(40・2キロ)の距離で行われた。二十歳の東京高等師範学校学生だった金栗は、同じく25マイルの予選会を2時間32分45秒で圧勝し、驚異的な記録と騒がれて上位進出の期待を受けていた。ただ、それは26マイル強で行われた前回五輪の記録と比較したから。情報は乏しく、練習も自己流にすぎない。船とシベリア鉄道による旅も「もう帰りましょうと弱音を吐いて三島(彌彦)さんに励まされた」というつらいものだった。肩に背負っていたのは重すぎる期待だったのである。

本番のレースではスタートからスピードについていけず最後方。そこから追い上げたが27

キロ手前あたりでついに倒れた。本人の日誌に「甚ダ暑シ」「非常ニ暑ク」と繰り返し出てくるところをみると、気温は三十度を超えていたに違いない。日誌の「残念至極」の文字に抑えきれない無念がにじんでいる。

しかしこの先駆者は悔むだけではなかった。すぐに失敗の原因を「一ニ衣食住ノ変化。二ニ昨年来ヨリノ無理。三ニ暑気」などと分析し、次に向けて科学的な練習を徹底的にやると決意している。「失敗ハ成功ノ基ニシテ又他日、其ノ恥ヲ雪グノ時アルベク」とあるのは翌日の記述だ。

帰国した金栗は、教師となるかたわら走り続け、高地トレーニングや暑中練習も考案して後進に示した。指導育成に大きな功績を残し、のちに「マラソンの父」と呼ばれるようになる精力的な活動ぶりだった。長距離駅伝にも取り組み、金栗杯に名を残す箱根駅伝の創設にも力を尽くしている。

オリンピックは一九二〇年のアントワープ、その次のパリも走った。アントワープは16位で、パリはまた暑さによって途中棄権。だが、挫折のたびに日本の長距離を強くしたいという思いは強まっていったようだ。

一九六七年、スウェーデンに招待され、競技場に赴いて「54年8カ月6日5時間32分20秒3」でゴールテープを切ったエピソードはよく知られている。九十二歳で永眠。マラソン振興にそそいだ人生はみごとな完走だった。

File.3

# 熊谷《くまがい》一彌《いちや》（1890－1968）

1920年アントワープ大会　テニス

## 初のメダルに無念の思い

新聞には「神技に驚嘆」「名聲嚇々たり」「物凄き手腕」と最大級の賛辞が並んだ。いかにも古めかしい言い回しだが、それほど水際立ったプレーぶりだったのだろう。一九二〇年の記事で絶賛の的となったのは熊谷一彌。眼鏡をかけた優しげな顔立ちのテニス選手は、その時、アントワープで日本初となるオリンピックのメダルを獲得したのである。

慶応大から三菱合資会社銀行部に入り、当時はニューヨーク勤務の二十九歳。全米ランク3位に入ったイチ・クマガイは海外でもよく知られていた。軟式で始まった日本のテニスが慶応の硬式転向をきっかけとして世界に打って出てからまだ間のないころ。それでも熊谷や清水善造らが海外赴任の中で国際大会に出て大活躍し、わずかな間に世界との差を縮めていた。日本テニスの存在感が一躍高まったところで迎えたのがアントワープ大会だ。

「フォアハンドに絶大な威力」「ベースラインの攻防が得意」と評された熊谷。小柄ながら、左腕からのスピンのきいた力強いショットが武器だった。アントワープでもベルギーの選手らに圧勝して決勝へ。柏尾誠一郎と組んだダブルスも決勝進出。だが思わぬ不利が隠れていた。連日の雨である。

雨でコートが湿れば強烈なスピンの威力も半減する。ボールが濡れればショットの力がそがれる。新聞記事にあるようにスコアでは圧倒していても、その実、思うようにプレーできない苦しさが体力を奪っていた。本人の著書にはこうある。

「コートはぬかる、滑る、ボールは水を含んで意のままにならず」「過労が重なり、神経をいらだたせ、それが不眠の因となり、一層疲労と体力消耗に拍車をかける結果となり……」

決勝はシングルス、ダブルスともに落とした。シングルスの相手は二十五歳の南アフリカ選手。終わって間もない第一次世界大戦で敵機三機を撃墜し、自身も墜落して危うく生還したパイロットだったと伝えられているところに、どこか騒然としていた時代の空気がうかがえる。

二つの銀メダルを獲得し、柏尾とともに日本初の五輪メダルをもたらした成績を、本人は「一生の不覚」と悔いた。確かに天候がよければそれが金に変わっていたろう。だが彼はその後、日本初参加のデビスカップでも活躍し、世界屈指の力を十分に見せた。頂点のすぐ近くまで迫った歴史の重みは多くの後輩を勇気づけてきたはずだ。

File. 4

## 内藤《ないとう》 克俊《かつとし》（1895-1969）

1924年パリ大会　レスリング

### この「銅」から始まった

日本の歴代メダリストの中で、彼の名はあまり知られていないようだ。とはいえ、そのメダルには格別の重みがある。一九二四年、内藤克俊は日本でまだ誰もレスリングをやっていなかった時に五輪の銅メダルを手にしたのだ。

日本でレスリングが始まったとされるのは一九三一年。だが、その七年も前のパリ大会で快挙はなし遂げられていた。米ペンシルベニア州立大学に留学してレスリングチームの主将を務めていた二十九歳の内藤が、駐米大使の推薦で日本選手団に加えられ、グレコ、フリーの両種目に出場して、フリーのフェザー級で3位に食い込む健闘を見せたのである。

渡航中の船上練習で左手の人さし指をひどく痛めていた内藤。上半身のみを攻めるグレコローマンの経験はなく、パリについてから三日間練習しただけ。それでも最初のグレコでは初戦を制し、敗れた二試合でも接戦を展開した。そして「キャッチ・アズ・キャッチ・キャン」と呼ばれていたフリースタイル。初戦に勝ち、二戦目と三戦目は落とす苦しい戦いだったが、続く二試合に連勝して3位をもぎ取った。医師に「出ない方がいい」と言われたけがを押してのメダル獲得。「嬉しさの餘り涙が頬を傳はり……終始正々堂々」という介添えの人物の感激から、すべてを出し尽くした奮闘ぶりが伝わってくる。

好成績をおさめただけではない。一方でこのメダリストはオリンピックを通してさまざまなことを学び、考えたようだ。

「堅忍不抜の稽古振りや従順潔白な彼等（各国選手）のスポーツマン・スピリットは大いに學ぶべき」とは、五輪報告書に書き記した記事の一節。さらに「民族的接觸」という言葉を使って、さまざまな文化の相互理解の大切さも力説している。柔道二段でもあった内藤が「我が柔道の精神を『スポーツ』の名を通して世界に紹介する事は、如何にも頼もしい事」「國技として鍛錬されて来た柔道を加味した『レッスリング』の生るるところ、其處に必ず勝算あり」などと論じているのは、スポーツを通して相互理解を進めたいという思いがオリンピックの経験で芽生えていたからだろう。

留学先のアメリカでは新たな移民法などによる排日の動きが急だったころ。ふだんから異文化理解や民族融和について考えることが多かったに違いない。レスリングの先駆者はまた、スポーツ交流の可能性を早くから見抜いていた人物でもあったというわけだ。

File.5

# 織田《おだ》 幹雄《みきお》（1905-1998）

1928年アムステルダム大会　陸上

## 「金」の前髪つかんだ

チャンスには前髪しかないとは、スポーツでしばしば使われる言い回しだ。チャンスは何回もめぐってこない、勝機が来たら絶対に逃すなという教えである。歴史に残る日本初の金メダルも、まさしくそんな形でつかみ取ったものだった。

一九二八年八月二日。アムステルダム大会第六日の日本選手団に緊張感が漂っていたのは、その日に陸上・三段跳びがあったからだ。世界記録に迫る実績を残していた二十三歳の織田幹雄には、日本がまだ手にしていない金の期待がかかっていた。「どうしても優勝しなければ」と思い詰めていたと自身ものちに書き記している。

だが、競技前日に気がついた。気負いすぎている。勝利にこだわりすぎている。「自分の力を出し尽くせれば、それでいい」と思い直したのが気持ちを明るく、前向きにした。

そして本番。前半の予選で欧米の強豪と同じ組になったのを織田は喜んだ。予選から手強い相手と戦って一気に勝負をつけてしまうつもりだったのだ。1回目の試技で早くも15メートル13

の好記録。これに気をよくして最初のホップを思い切り伸ばした2回目は15㍍21。荒れた助走路を気にしたのか、ライバルは記録を伸ばせない。3回目にかかとを痛めて後半はファウル続きになったが、出遅れたライバルも追いつけなかった。「自分の力さえ出せば」と気を楽にして最初から勝負に出た思い切りが、チャンスの前髪をしっかりとつかんだのだった。

ついに揚がった日の丸の旗。表彰台はまだなく、国歌演奏も途中からだったが、頂点に立った感激は涙となってほとばしった。日本初の栄冠に、関係者も全員泣きながら君が代を歌った。ただ、本人としては、国のためにというより「自分の楽しみ、自分の力をどこまで伸ばせるかといった、自分の問題として競技に没頭していた」（著書から）という。

広島の中学の「徒歩部」から始まった陸上人生は、競技の魅力、面白みをひたすら追い求める形で続いてきた。指導者も参考書もなく、常に自ら考え、試行錯誤の努力を重ねてきた。「自分が行けるところまで」の純粋無垢な思いが、永遠に残る歴史となって実ったのである。選手として指導者として長く日本の陸上界、スポーツ界の柱となってきた九十年余。伝説となり、大御所となってからも、競技を研究し、突き詰めようとする情熱はまったく変わらなかった。

File.6

# 人見《ひとみ》 絹枝《きぬえ》

（1907－1931）

1928年アムステルダム大会　陸上

## 先駆者が示した覚悟

一九三一年八月二日、人見絹枝は二十四歳七カ月の短い生涯を閉じた。彼女が日本初の女性オリンピアンとなり、アムステルダム大会の陸上・八百メートルで銀メダルを獲得したのは、ちょうどその三年前の同じ日だった。

二階堂体操塾（現日本女子体育大）に学んで教員となり、二十一歳で臨んだアムステルダム。既に短距離や跳躍でトップクラスの力を発揮しており、世界記録を出した百メートルでは優勝の期待もかかっていた。一七〇センチと恵まれた体を持ち、投てき種目でも活躍した万能アスリートは、まだ発展への入り口にあった女性スポーツの道を力強く開きつつあった。

しかしアムステルダムに向けて調子は上がらず、百メートルでは思いもよらぬ準決勝敗退。人一倍責任感の強い彼女は肩をふるわせて泣き、そして決心した。

走るつもりのなかった八百メートルにも出場登録はある。勝てはしないだろうが、とにかく倒れるまでやってみよう。日本女子スポーツの代表として、失意の人見はそう決意したのである。

「このままではひけません。八百㍍を走ります」
周囲は止めたが決意は固かった。まず予選を通過。決勝では中団で力をため、終盤、一気に2位に上がって先頭を追った。優勝者に0・8秒まで迫ったフィニッシュ。ゴールでは全員が倒れ込んだ壮絶さに、「女子には残酷すぎる」と八百㍍がいったん五輪種目から外されたのはよく知られた話だ。

僚友が助け起こすと、そのひざには血がにじんでいた。他の選手にスパイクされる不利がありながら、最後の一滴まで力を絞り尽くしたのである。

大会後は新聞社に勤務しつつ競技を続け、二十代前半の若さで日本女子競技界のリーダー役を務めた。結核に倒れたのは、仕事に練習に指導に講演にと、あまりに無理を重ねたためだろう。それでも彼女は専門誌「女性體育」に書き残している。

「不景気な咳が出つづけてゐる…次の時代に備える體と精神を作り出さねばならない。もう一度前途多忙なスポーツ界に立たなければならないことを強く覺悟してゐる」

その時はもう体の変調に気づいていたのだろう。それでも自分を奮い立たせようとしていた。女性スポーツを前進させる役割を背負おうとしていた。

黎明期を鮮烈に駆け抜けて去った二十五年。女子競技の仲間たちは「貴女の靈は貴女を尊敬する人と常に共存してゐる」と記して夭折した先達を送った。

File. 7

## 西《にし》竹一《たけいち》（1902－1945）

1932年ロサンゼルス大会　馬術

### 不穏な時代の一筋の光

オリンピック最終日の最終種目は長く馬術の障害飛越と決まっていた。閉会式を控えたフィールドで乗り手が馬と息を合わせて障害を軽やかに飛び越えていく華やかさは、いかにもフィナーレにふさわしい。そして一九三二年八月十四日、ロサンゼルス大会の掉尾を飾った勝利は、いまも日本スポーツ史でひときわ輝いている。

十万五千観衆で埋まったメーンスタジアム。障害飛越コースの難度はかつてなく高かった。十一人が出場したが、失格が相次ぎ、完走者は少ない。九番手で登場した地元アメリカの選手がみごとな騎乗で大きく優勝に近づく。が、次に登場した人馬はさらにその上を行った。三十歳の陸軍中尉、西竹一とウラヌス号である。

余裕を感じさせる飛越。わずかなミスはあっても動揺はない。最難関の第10障害では一回立ち止まったが、反転して再び向かうと今度は越えた。金メダルをさらわれた地元観衆も拍手を送ったのは、これが明らかにこの日一番の飛越だったからだ。

日本の馬術が得た唯一の金メダル。それをもたらした西は男爵家に生まれ、軍人となって騎兵学校で腕を磨いた。「天真爛漫、元気溌剌」と評された快活さ、目標が困難であるほど燃える挑戦心、決めたことはやり遂げる実行力などを併せ持ち、海外では「バロン・ニシ」と親しまれてハリウッドスターと親友になるような国際性もあるという、実にスケールの大きな人物だった。そんな器の大きさがあってこそ、欧米中心の馬術界をあっと驚かせる快挙が実現したのだろう。

記者会見で西は簡潔に言った。「We Won」。私とウラヌスの勝利という意味か、日本馬術の勝利という趣旨か。あるいは日本の国そのものが世界に存在感を示したと言いたかったのか。「We」には、その時代ならではのさまざまな思いが含まれていたかもしれない。

満州事変以来、日本に対する批判は強まり、アメリカでも反日感情が高かった。明るく親しみやすいバロン・ニシの活躍は、ひとときにせよ日本のイメージを変えたかもしれない。あの金メダルは不穏な時代に差した一筋の光だった。が、国際情勢はますます緊迫していき、ついには日米開戦となって、中佐となっていた西も硫黄島の戦闘で壮烈な死を遂げる。ウラヌス号も西の戦死の直後に息を引き取った。人馬は最後も寄り添うようにして天に上ったのだった。

# File. 8

## 城《き》戸《ど》 俊三《しゅんぞう》（1889-1986）

1932年ロサンゼルス大会　馬術

もうひとつの馬術物語

バロン・ニシの金メダル獲得でわいたロサンゼルス大会の馬術では、もうひとつ、日本の人馬が主役となった出来事が語り継がれてきた。騎兵中佐・城戸俊三と久軍号の物語である。

一九三二年八月十二日、総合馬術は二日目に入っていた。調教審査、持久力審査、障害審査とすべての分野を三日間で行う競技。二日目は道路騎乗、障害飛越、野外騎乗を計36キロのコースでこなすという厳しいもので、終盤の野外騎乗には35の障害が設けられていた。四十三歳のベテラン城戸はその本番を前に、用意していた二頭の馬がどちらも故障するという不運に見舞われる。やむなく騎乗した久軍は障害飛越の予備馬だったのだ。

十五歳（十七歳とも）と高齢で持久力訓練をあまりしていなかった久軍だが、城戸とのコンビは順調に難コースをこなしていった。が、大詰め近い34番目の障害でついに限界が訪れる。「歩度俄然減退し……気息奄々斃れん計りの状態を呈し」と報告書にあるように、過酷な行程がとうとうチーム最高齢馬の体力を奪い去ってしまった。城戸は馬を下り、ここで騎乗を終える。ゴールまで2キロ足らず、あと二つの障害を残しているだけの段階で涙をのんだのである。

そこに地元紙が注目した。愛馬をいたわって、あえてゴール直前で棄権したと報じたのだ。アメリカ人道協会によって「愛馬を救うため栄光を捨てて下馬した」と称賛する記念碑もつくられた。のちにこの記念碑は日本に贈られ、秩父宮記念スポーツ博物館に保管されている。

だが、当時の日本国際馬術協会の報告書は、34番障害で久軍が飛越を三度拒否して失格したとしたうえで、「(選手は) 人馬共に倒る迄奮闘するの覺悟を以て進んだのである」「馬が疲労したりとて、戦闘を中止する様な非武士的の意気は持つて居らぬ」と断じている。大日本体育協会の報告書にも、「城戸選手の動物愛として傳はる世評は眞相に甚だしく相違する」と、愛馬をいたわって棄権したとの説を否定する記述がある。確かに飛越できず失格ということなら、この愛馬物語はちょっと違うと言わねばならない。

以来、八十年余。実際の出来事の詳細がどうだったのかは、年月のかなたに遠く霞んだままだ。ただ、新聞紙上に残る城戸の談話には「(馬が) すっかり弱り歩くことが出来なくなったのでこれ以上せむることは出来なかった」とある。そこには愛馬をいたわり、思いやる気持ちが色濃くにじんでいるように見える。

File. 9

# サッカー代表チーム

## 1936年ベルリン大会　サッカー

### ピッチに奇跡が舞い降りた

勝利の一報を伝える日本の新聞記事はあまり大きくなかった。当時としてはそれが一般的な反応だったのだろう。だが、地元の専門誌や大会公報にはこんな言葉が並んでいたと伝えられている。

「蹴球史に不滅に刻まれるであろう勝利」「きわめてセンセーショナル」「まれにみる劇的な内容と感激的な場面」

本場ドイツの専門家をそれほど驚かせたのは、初めてオリンピックのサッカーに参加した日本チームだ。一九三六年八月四日、ベルリン大会の初戦で日本はスウェーデンを3－2で破った。それも前半、2点を先制されながら、後半に優勝候補と目されていた強豪を一気に逆転したのである。

「スウェーデンは技術、選手において明らかに優れ」と試合評にある通り、前半は一方的な展開だった。だがハーフタイムに監督がかけた「きょうは調子がいいから、後半頑張れば勝てる」の励ましが現実となっていく。後半早々に1点。さらに同点ゴール。大柄な相手のパワフルな攻めを粘りとスピードでしのぐようになった日本。終了5分前、カウンターからの決勝ゴールが相手GKの両脚の間をすり抜けていった。タイムアップの笛。

こうして「ベルリンの奇跡」と語り継がれる逆転劇が完成した。ほとんどが大学生の若いチーム。「プレーをした自分ですら夢のような気がしてならない」と選手の一人は書き残している。日本は3バックで戦ったが、それは欧州に着いて初めて知ったシステム。三日後のイタリア戦は0－8の大敗。そうした中での大番狂わせだった。最後まで動きを止めなかった粘り。GKの好守。2点を取って生まれた相手の緩み。ボールを微妙に変化させた強風。それらがすべて追い風となって歴史的勝利に結実したのである。これはやはり奇跡と呼ぶしかなかろう。

とはいえ選手たちは浮かれてはいなかった。大会後の協会機関誌には冷静な分析の言葉が残っている。

「まだまだ欧州南米には太刀打ちできない」「キック、ドリブル、ストップからしっかりやり直す必要がある」「プレーが粗雑」「日本のみで試合をしていては飛躍的向上は困難」

奇跡にわく一方で、実際にピッチに立った者たちは次へのステップを見据えていた。のちにオリンピックやワールドカップで世界の強豪と互角に戦うようになる日本サッカー。その時、一瞬の光が照らし出したはるかな未来を、彼らは見てとっていたかもしれない。

# File. 10

## 西田《にしだ》 修平《しゅうへい》（1910-1997）と大江《おおえ》 季雄《すえお》（1910-1997）

1936年ベルリン大会　陸上

### 「二人とも銀」のはずが……

一九三六年八月五日、ベルリン大会の棒高跳び予選が始まったのは午前十時半だった。3メートル80を跳んで決勝に進んだのは二十五人。日本の西田修平、大江季雄、安達清の三人も一回でクリア。これが歴史に残る激闘の幕開けとなった。

決勝は午後四時から。朝からの雨模様は変わらず、気温もどんどん下がっていく。雨による中断もあって試合の進みは遅い。四時間近くが過ぎて夏の欧州の日暮れが迫るころ、4メートル15で西田、大江と、五輪の棒高跳びで勝ち続けているアメリカ勢三人が残った。次いで4メートル25を西田とセフトンが1回目で跳び、大江とメドウスが2回目でクリア。

優勝争いは4メートル35で決着した。2回目、アール・メドウスがわずかにバーに触れながらもクリア。西田、大江は助走を伸ばして挑むが越えられない。セフトンも失敗。とっぷり暮れた闇。薄暗いライトのもとでついに金メダルが決まった。

さらに順位決定の戦いが続く。同記録の場合、試技の回数などで順位を決める方式はまだ採用されていない。4メートル35から25、15とバーを下げて、日本の二人がクリアし、セフトンが落ちたところで長い戦いは終わった。五時間以上の張り詰めた戦いで疲れ果てた日本の両選手に、もう2位と3位の決着をつける気はなかった。「今まで覚えたことのない疲れ」があったと大江は書き記している。

ここからのいきさつはいささか複雑だ。日本体協の「五十年史」には日本チームが西田を2位、大江を3位として届け出たとの記述があるが、当時のルールからすれば2位二人となるはずで、日本陸連の報告書でも順位は双方が「2」。また、当時の新聞には競技直後の両者の話として「私たちの順位はいまのところ決定していない」とある。いずれにしろ、後年の談話などをみても、二人はともに銀メダルを分け合うことになると思っていたようだ。

だが発表は西田の2位、大江の3位だった。国際オリンピック委員会（ＩＯＣ）の記録もそうなっている。のちに銀と銅を半分ずつ継ぎ合わせてつくった「友情のメダル」が、美談として教科書にも載り、あまねく知られることになるが、新聞に載った当日の談話にもう「メダルは記念のために継ぎ合わせて各自が持ちたい」とあるのをみると、当人たちには大げさな「美談」の意識などなかったように思える。力の限りを尽くした二人は、ただ、まれにみる激闘の記憶をそんな形で残したかったのだろう。

# File. 11

## 前畑《まえはた》 秀子《ひでこ》（1914-1995）

1936年ベルリン大会 水泳

### 重圧に耐え抜いた気概

日本女子が初めてオリンピックの金メダルを手にしたのは、一九三六年八月十一日のことである。人見絹枝が初の五輪出場を果たしてから、まだ八年。日本が一気に屈指のスポーツ大国へと駆け上がろうとしていた時代であった。

ベルリン大会の水泳・女子二百㍍平泳ぎ。二十二歳の前畑秀子がスポーツ史に新たなページを開いたレースの様子をいまでも臨場感いっぱいに味わえるのは、もちろんあの放送が残っているからだ。「前畑がんばれ」で名高いＮＨＫラジオの実況中継からは、「火の出るような大接戦」と河西三省アナが表現した通りの熾烈な一騎打ちの緊迫が生々しく伝わってくる。

世界記録保持者となっていた前畑と、その記録に0秒1まで迫っていた地元ドイツのゲネンゲル。金メダル争いは予想通りに両者のマッチレースとなった。百㍍手前から他を引き離した二人は、隣り合ったコースですさまじいデッドヒートを展開する。猛追するゲネンゲルを、前畑がすべての力を絞り尽くすようなラストスパートで突き放したところがゴールだった。

「鬼神も泣く死闘」と新聞の見出しが躍った名勝負。スタート前、紙製のお守りを水で飲み下して泳いだ前畑は、レース後の談話に「もし負けたらどうしようかと思ってたまらなかった」との言葉を残している。そこまで追い詰められた気持ちで臨んだ大会。彼女にかかっていた期待はそれほど重かった。

前回のロサンゼルスでは僅差の銀メダルという好成績。なのに「なぜ金メダルを取ってこなかったのか」と、当時の東京市長に言われたと彼女は自著で明かしている。ロスで競技はやめようと思ったのに、周囲はそれを許さず、あくまで金メダルを求めた。「優勝できなかったら死のうと考えた」と著書にはある。国としての名誉を振りかざして勝利を求める世間。そのプレッシャーはいまとは比べものにならないはずだ。それをはね返した忍耐と強靭な心こそが、あの最後のスパートを可能にしたのだろう。

レース実況をあらためて聞くと、河西はレース終盤にただひたすら「がんばれ」を二十三回、ゴールの後は「勝った」「勝ちました」を二十回繰り返している。伝説の放送となったゆえんである。これは名実況とされる半面、冷静さを欠いているという批判も浴びたが、それもまた、国際舞台での勝利を渇望する当時の世相を反映していたかもしれない。

File. 12

# 副島《そえじま》 道正《みちまさ》（1871－1948）

1940年東京大会（返上）IOC委員

## 伊首相を動かしたもの

一九三五年一月十六日、副島道正はローマの首相官邸に赴いた。国際オリンピック委員会（IOC）委員を務める六十三歳の伯爵は、五輪史に画期的な一ページを開くための重い使命を帯びていた。一九四〇年夏季大会の開催を目指す日本として、最有力候補のローマに辞退してもらうよう、時のイタリア首相であるベニト・ムッソリーニに頼み込もうとしていたのである。

そこで思わぬ出来事が起きた。体調を崩して高熱を発していた副島は官邸で倒れてしまう。悪性の風邪をこじらせて肋膜肺炎となっていたのだ。やっと五日目に意識が戻り、かろうじて命を取り止めるという重症だった。

三週間後、まだ回復途上ながら、副島は同じくIOC委員である杉村陽太郎駐伊大使とともに再び官邸を訪れる。病を押して訪ねてきた遠来の使者にムッソリーニは好意的だった。副島が「四〇年大会を日本に譲ってくれれば、四四年大会がローマで開催されるよう努力する」と訴えると、首相は上機嫌で、「Will you? Will you?」と答えた。「そうか、そうしてくれるのか」と、日本側の願いを聞き入れてくれたのである。

「若し私が卒倒してゐなかつたならば、首相はこれほどまでに同情してくれなかつたであらうし……交渉はこれほど圓滑には運ばなかつたに相違ない」と副島は書き残している。杉村大使からも「あなたの病気が成功の一大原因ですよ」との言葉があったという。もちろんそれだけではないにしろ、思いがけないハプニングと、体を張って交渉に臨んだ気迫がムッソリーニを動かす力のひとつになったのは間違いなさそうだ。

この直接交渉はIOC会長の逆鱗に触れ、招致に微妙な影の差すこともあったが、日本は翌年のIOC総会で首尾よく四〇年の開催権を手にする。あの官邸での出来事も成功をもたらす一助となったというわけである。

その後、拡大する戦火によって開催権返上に至り、四〇年東京大会が幻となったのはよく知られている通りだ。国威発揚よりオリンピック運動の精神を大事にしていた副島だが、戦争へと突き進んでいた時代の流れには抗すべくもなかった。ただ、急な病がとりもってふと生まれた気持ちの通い合いから五輪招致が大きく動いた経緯は、冷厳な国際交渉の中の人間くさい側面として、ささやかながら心に残る歴史のひとこまとなっている。

# 第2章 再出発

1952 ヘルシンキ ～ 1960 ローマ

コラム

Column

# 2

## 憎しみも溶かした快泳

一九四八（昭和二三）年、日本水泳連盟はその年の日本選手権大会を八月五日から四日間にわたって開いた。会場は第一日が東京・東伏見の早大プール、第二日からは伝統に彩られた明治神宮プール。その年、水連会長の座についた田畑政治は、大会プログラムに「ロンドン大会に挑む」と題した一文を寄せた。当時四十九歳の男盛り、日本のオリンピック運動の先頭に立ってきた気鋭のリーダーが、思いのたけをそのまま紙の上へと叩きつけたかのような文章である。

「戦争によって中絶されていたオリンピック大会は、十二年振りで、ロンドンに華々しく開催されております。われわれは不幸にしてこれに参加することができないのであります。終戦以来、あらゆる悪条件を克服して、冬期合宿練習を行うこと三回、この日を目指してひたむきな努力を続け、しかもその進歩の跡が目覚ましいだけに、この成果を世界に問う最良の機会を失したことは、まことに残念にたえないのであります。ここに、われわれはやむなく日本選手権大会をロンドン大会と同時期に開催し、彼我の優劣を記録の上で競うことにしたのであります」

戦争に敗れ、焦土からの再出発を余儀なくされた日本。当然ながら、スポーツもすべてが一から出直しとなった。それでも選手たちは、食料難をはじめとする「あらゆる悪条件を克服」して復活に備えたのだが、彼らの前には、努力と頑張りではどうすることもできない壁が立ちはだかっていた。敗戦国として、しばらくは国際スポーツ界への復帰が認められなかったのだ。

国際大会の扉は日本の前でぴたりと閉ざされていた。一九三六年のベルリン大会以来、十二年ぶりに開かれたロンドンオリンピックにも出場はかなわなかった。田畑政治は、それを誰よりも悔しがった一人だったに違いない。彼が率いる日本の水泳界には、ロンドンに赴けば必ず金メダルを手にできるはずの逸材がいたからだ。日大入学以来、飛躍的に力を伸ばし続け、その前年には四百メートル自由形で世界記録相当のタイムを出していた古橋廣之進である。

プログラムに寄せた田畑の文章から、抑えても抑え切れない感情がほとばしり出ているのはそれゆえだ。世界の頂点に立つ機会が目の前にありながら、何もできずに見逃すしかない焦燥と悔恨がペンを縦横に躍らせたのだろう。そして、この熱血漢は泣き寝入りはしなかった。彼は、ロンドン大会の水泳競技と同じ日程で日本選手権を開いてみせるという大勝負に打って出たのだった。

プログラムの文章は続く。これは挨拶文などではなく、まさしく檄文である。

「もし諸君の記録がロンドン大会の記録よりすぐれているということになれば、オリンピック・チャンピオンは実質的にはワールド・チャンピオンたるの栄誉に値しないことになるのであります。ワールド・チャンピオンはオリンピック優勝者にあらずして日本選手権大会の優勝者であるということになるのであります。この意味で全世界水泳界の耳目は実にこの大会に集中されているのであります……諸君のワン・ストローク、ワン・ビートは、民族の興隆に直結しているといい得るのであります」

渾身の檄に選手はこたえた。八月六日、千五百メートル自由形決勝で古橋は18分37秒0の驚異的な記録をたたき出した。当時の世界記録を20秒以上も縮めるタイムだ。2位となった日大の僚友・橋爪四郎も0秒8差の快記録。一方、ロンドンの優勝タイムはといえば、なんと40秒以上も遅い19分18秒5にすぎなかった。同じ日に泳いで誰が真の世界王者かを見せつけるのだという田畑の狙いは、ずばりと的を射抜いたのである。

八日の四百メートル自由形決勝で、古橋はまたも超満員の観客を沸かせた。4分33秒4のタイムはロンドンの優勝記録を7秒6、世界記録をも1秒8上回っていたのだ。二十歳の誕生日を前にした若者は、再び「誰が最強か」を世界に示してみせた。スタンドに入り切れない観衆は会場を幾重にも取り巻き、その大歓声は夜の神宮の森に殷々と響いたという。

ロンドンではアメリカが水泳男子競泳の全種目を制していた。その代表チームを監督として率いたロバート・キッパスは、知らせを聞いて「日本がこんなに早く復活するとは思わなかった。心からおめでとうと言いたい」と語り、日本水連に祝電を打った。日本水泳界の意地を、ライバルもしっかりと受け止めたというわけだ。

翌四九（昭和二四）年、田畑の願いは実った。国際水泳連盟が日本の復帰を正式に認めたのは六月。水泳ニッポン復活へ、すぐさま会長は動く。八月にロサンゼルスで開かれる全米水泳選手権への日本チーム派遣である。連合国軍総司令部（GHQ）との折衝を重ね、最終的には最高司令官たるマッカーサー元帥の許可を受けて、当初はおよそ不可能とも思われた米国遠征は実現した。

出発前、選手団はマッカーサーと面会している。「行く以上は勝たなきゃいけない。アメリカ選手をやっつけてこい。負けたら帰さないぞ」と発破をかけられたというのは古橋の記憶だ。また元帥は「In defeat be natural and composed. If you win be modest」とも言ってくれた。勝っておごらず、負けても心静かに。「この言葉で安心した。よし、一生懸命やってこようという気持ちになった」と、古橋はのちに回想している。

小さなプロペラ機に乗り、三回の給油をへて、六人の学生からなる選手団はロスにたどりついた。機内の通路で体操をしようとして機長に叱られたのは、誰も飛行機に乗ったことがなかったからだ。

一行は「何があるかわからないから、十分注意しろ」と繰り返し言われていた。つい先ごろまで戦争をしていた相手の国である。対日感情がいいわけはない。「日本人とわかって、足下につばを吐かれた」のを橋爪は覚えている。しかし、日本選手の大活躍が壁を取り払い、冷たい視線を温かなものに変えた。それはまさに百八十度の変化だった。

まず千五百メートル自由形。古橋は18分19秒0の世界新で泳いでみせた。橋爪も18分32秒6を出した。国際水連に復帰していなかった前年は認められなかった世界記録。もちろん、今度は双方とも晴れて世界新記録と認定された。その後も古橋の勢いは止まらない。四百メートル自由形で4分33秒3、八百メートル自由形では9分35秒5。これまた世界新である。それまでは前年の記録の信憑性を疑う者もいたが、こうなれば誰もが納得しないわけにはいかない。

とたんに日本選手は笑顔に囲まれるようになった。面と向かって「ジャップ」と言っていたのが「ジャパニーズ」になり、万年筆や腕時計のプレゼント攻勢が始まった。いったん認めればこだわりなく称賛するのがアメリカ流。古橋をはじめとする日本の若者の躍動は、国や人種を超えて人々の心を揺さぶったのだ。

「一生懸命やって、いい記録を出せば評価してくれるだろう、と。その気持ちが通じました。あとは気楽に愉快に過ごせましたよ」

「記録を出した翌朝には、戦争でけがをした人も握手を求めてきた。(記録を) 疑って悪かったとはっきり言ってくれた。スタンドの日系人は涙を流していました」

古橋と橋爪の回想である。スポーツは戦争によって生まれた氷のごとき憎しみさえも溶かす力を持っていたのだ。一方、海を隔てた日本では、聞こえにくいラジオにかじりついて多くの国民が胸を熱くしていた。それは焦土からの再出発にはかり知れないほどの力を与えたに違いない。

こうして日本の水泳は復活を果たし、オリンピック・ロードを再び歩み始めた。他の競技も同じように苦難を超えて国際舞台へと戻っていった。日本のスポーツがオリンピックから引き離され、一九五二(昭和二七)年のヘルシンキ大会で復帰するまでに要した年月は十六年。なんとも長い年月は、だが、競技者たちのオリンピックへの憧れをその分だけ増していたかもしれない。

File. 13

# 古橋《ふるはし》 廣之進《ひろのしん》 （1928-2009）

1952年ヘルシンキ大会 水泳

## トビウオの栄光と不運

第二次大戦によってオリンピックは長い空白を余儀なくされた。一九三六年のベルリンから十二年たって、ようやく復活の大会が開かれたのは四八年のロンドン。日本のスポーツ界にとって何より悔しかったのは、そのロンドンに参加できなかったことだろう。たとえば、それによって古橋廣之進は手にするはずだった金メダルを失ったのである。

ロンドンの前年、十八歳の日大生だった古橋は水泳・四百㍍自由形で世界新記録を出していた。これは日本が国際水連から除名されていた時期のため、非公認に終わった。とはいえ、プールは藻で汚れ、食べるものはサツマイモしかないのに、泳ぐたび記録を伸ばしていたころだ。ロンドンに出ていれば複数の金メダルが確実なのは誰の目にも明らかだった。

だが敗戦国・日本は参加を認められなかった。そこで日本水連は同時期に日本選手権を開く。千五百㍍で古橋が出した記録は18分37秒0。ロンドンの優勝記録を実に41秒5も上回っていた。誰が真の王者かを見せつけたのである。

翌年、国際舞台復帰を認められた日本は、ロサンゼルスの全米選手権に古橋らを送る。「(連合国軍最高司令官の)マッカーサー元帥に会って、目の前で(渡米許可の)サインをもらった。ぜひ勝ってきてくれと励まされた」とは本人の回想。四百㍍、八百㍍、千五百㍍自由形ですべて世界新を出した快泳が「フジヤマのトビウオ」と全米の称賛を浴びたのは繰り返し語られる通りだ。

「ロンドンがだめでもがっかりしなかった。頑張っていれば、またオリンピックは来る」と心を奮い立たせて待った次回。しかしヘルシンキ大会に向けて調子は下降線をたどるばかりだった。五〇年の南米遠征でかかったアメーバ赤痢がトビウオの力を奪っていたのである。五二年七月三十日、ヘルシンキ大会の四百㍍自由形決勝を古橋は8位で終えた。「泳げば泳ぐほど疲れてしまう」状態でやっと立った五輪の舞台。その夜、古橋は選手村のシラカバ林をあてどなくさまよったという。

それでも彼の名は戦後のスポーツ史でひときわ輝いている。その力泳が敗戦に打ちひしがれた人々に勇気と希望を届けたからだ。「どんなことにもへこたれなかった」とは没する半年前の言葉。「気力がすべてを左右する」という信念そのまま、水泳の振興に、スポーツの発展にと愚直に取り組み続けた人生だった。

# File. 14

## 橋爪《はしづめ》 四郎《しろう》

（1928–）

1952年ヘルシンキ大会　水泳

### 最高の友と泳いだ日々

「印象に薄い」というのが橋爪四郎の言葉だった。一九五二年ヘルシンキ大会のことである。銀メダルは日本水泳の最高成績だったが、輝かしい競技人生の思い出として、それはさほどの位置を占めていないということだ。

　戦後間もなく日大水泳部に入った橋爪は、一人の友とともにトップ選手への道を歩んだ。古橋廣之進はライバルであり、また一番の親友でもあった。ロンドン五輪と同時期に行われた日本選手権の千五百㍍自由形でも、橋爪と古橋はそろって当時の世界記録を大幅に上回るタイムをたたき出している。1位古橋、2位橋爪の差はわずか0秒8。翌年の全米選手権でも二人して千五百㍍の世界記録を更新してみせた。橋爪が古橋の背中を追う形ではあったが、ともにライバルあってこその活躍だったのは間違いない。

　そこで、古橋がヘルシンキを前に調子を崩したのは橋爪にも大きな影響を及ぼした。五輪予選の日本選手権・四百㍍自由形。優勝した橋爪は、3位でかろうじて五輪代表をつかんだ古橋の泳ぎに愕然とする。

「苦楽をともにした彼と一緒にオリンピックに行きたい。でも、あの泳ぎで、古橋はオリンピックではだめだとわかった。それで自分も気落ちしてしまった……」

古橋が8位に終わったヘルシンキの四百メートル自由形決勝。その時、橋爪は「きっと泣きながら泳いだのだろう」と友の胸のうちを思いやった。

三日後の八月二日に橋爪は千五百メートルを泳いだ。間もなく二十四歳という年齢は、千五百メートルでは最年長だったという。十九歳の米国代表、フォード・コンノとの差は終盤に大きく開いた。橋爪もスイマーとしてのピークを過ぎかけていた。

悔しい銀メダル。念願の金には届かず、友も不本意な結末に泣いた大会。こうしてヘルシンキは「あまり思い出したくない、印象の薄い」大会になったのである。以来、古橋の前ではヘルシンキの話をいっさいしなかったのは、もちろん友の無念を思いやってのことだ。

一番の思い出は全米選手権。「ジャップ」と侮蔑していたロス市民が橋爪や古橋の活躍で笑顔に変わったことには「オレたちは外交官でもあるんだな」と実感したという。「あの時期に選手であったのは本当に幸せだった。古橋と一緒に（水泳人生を）歩んだのも最高だった」とかつて語ってくれた時、その顔には青春の光が一瞬輝いたように見えた。

# File. 15

## エミール・ザトペック（1922-2000）

1952年ヘルシンキ大会
陸上

### 世紀の力走は「意志の力」

顔を大きくゆがめ、口を開けて舌を出し、頭を振って苦しさを隠そうともしない。ピッチは速いがヒザは上がらず、前にも伸びない。つまりは一流長距離ランナーのイメージとはほど遠い走りだったのだ。だがエミール・ザトペックはそれでオリンピック史上に特筆される偉業を果たした。

苦しげながらも常に先頭に立ってぐいぐいと進んでいく姿から「人間機関車」と呼ばれた。チェコスロバキア（当時）の軍人ランナーは、まずロンドン大会の一万メートルで最初の金メダルを取ったが、史上最高の長距離走者とたたえられるようになったのはその四年後、一九五二年のヘルシンキ大会で前人未到の走りを見せたからだ。一万メートル、五千メートルを勝った後、初めて走ったマラソンでも圧倒的な強さを見せたのに人々は驚嘆した。海外選手にさほど注目しなかった当時の日本の新聞に「奇跡」「驚異」「世紀の力走」と最上級の見出しが並んだことからも、いかに驚くべき成績だったかということがわかる。

五千メートルでは最後の二百メートルで先行する三人を抜き去るスパートを見せつけた。一万メートルは2位を15秒8も離した。ただ、マラソンでは「まず無理」の声もあった。「五千や一万の練習をしてきて、いきなり勝てるわけがない。おまけに八日間で三つ走るなんて……」という見方の方が多数派だったかもしれない。

ところが二十九歳だった超人に常識は通用しなかった。20キロで先頭に立つとそのまま差を広げ、2時間23分03秒で圧勝のゴールに入った。2位には2分32秒の大差。レース中はいっさい飲みものをとらず、ゴール後はただ一人平然と立っていた強健に周囲は感嘆した。優勝の瞬間に笑みが浮かんだのは、それだけ余裕があったからだろう。自ら編み出した厳しいインターバル練習で一日30キロを走り込んできた底力は、他の選手とは次元が違っていたのである。

といって、彼は走るマシンではなかった。機関車には温かい血が通っていた。ライバルにも友人として接し、レース中にしばしばアドバイスを送ったのもその人柄を表している。

当時のスポーツドクターは、ザトペックが特別な肉体を持っていたわけではないと証言している。「トレーニングこそ私を一番助けてくれたものだった」とは伝記に残っている言葉だ。世界の陸上競技を見つめ続けた日本初の金メダリスト、織田幹雄は、ザトペックの栄光を「意志の力だ」と言い切っている。

# File.16

## 霜鳥《しもとり》　武雄《たけお》（１９２８－）

## １９５２年ヘルシンキ大会　レスリング

### 長い空白を埋めた情熱

戦後間もないヘルシンキ大会では、選手の経歴に「予科練」の文字がしばしば出てくる。戦争のただ中で死を間近にする日々から還って、平和の祭典・オリンピックへ赴く時代。レスリング・フリースタイルのライト級代表だった霜鳥武雄もその一人だった。

旧制中学二年で志願し、およそ二年の予科練生活。同期には人間魚雷で命を散らした者もいる。終戦後、明治大に進み、郷里の新潟で慣れ親しんだスキー部に入るつもりが、その部室の近くにあった練習場をのぞいたのをきっかけにレスリングとの縁がつながった。

「復員してきた、おっさんみたいな先輩」が日本のレスリング復活に情熱をそそぎ、「ものすごく絞られた」という厳しい練習。翌年、早くも全日本選手権を制した霜鳥がヘルシンキに出場したのは二十三歳、最上級生の時だ。ふだんは怖い先輩が、五輪予選に臨んだ後輩の肩や足を真剣にマッサージしてくれたところに、オリンピックならではの重みを感じたという。

五輪本番は闘志あふれる攻めで3回戦まで圧勝したが、4回戦では優勢に戦いながら横崩しにいった場面で肩が一瞬マットについてしまった。勝利に近づきながらの悔しい逆転負けで、最終成績は6位入賞。とはいえ優勝したのはその相手だったのだから、実のところ金メダルは目の前にあったのだ。

「試合が近かったので開会式はスタンドで見たんですが、入場行進で日本の選手団が来た時には頭にカッと血が上りました。あんなに興奮したことはない。私たちのころは、いまのように楽しむというのではなく、死にもの狂いで国のためにという思いがありましたね」

遠い記憶の中のかすかな思い出。レスリングの日本勢は、やはり予科練帰りだった石井庄八が戦後初の金メダルを獲得したのをはじめとして、五人全員が入賞以上という好成績だった。戦争をはさんだ長い空白で技術の変化や採点方法の改革さえ詳しく知らずに臨んだ大会だったが、復活にかけたやみくもな情熱が経験不足を埋めて、その後の黄金時代への扉を開いたのだった。

当時、霜鳥は東京・台東区の生活困窮者施設でアルバイトをして学費をまかなっていた。その日の暮らしも立ちかねる住人たちが、「オレたちの代表だ」と五円、十円を持ち寄って壮行会を開き、ラジオの中継に耳をすまして一喜一憂した。そのころ、オリンピックは純粋な希望の象徴だったのである。

File.17

## 吉川《よしかわ》　綾子《あやこ》（1933-）

1952年ヘルシンキ大会　陸上

# いつまでたっても宝物

一九五二年七月、ヘルシンキ大会に出場した七十二人の日本代表選手には十代の若者が二十二人含まれていた。国際社会への復帰を許され、戦後初の五輪参加を果たした新生そのままの、若さみなぎる選手団。陸上界に新たな息吹を吹き込んでいた吉川綾子もその一人だった。

前年、十八歳で百㍍に12秒0の日本新を出している。それまでの記録は12秒2。先駆者・人見絹枝が二十三年前にマークして以来、二人がタイ記録を出したものの、なかなか超えられなかった高い壁を破ったのだ。専門種目の走り幅跳びでも5㍍75の好記録を持ち、五輪に向けては入賞の期待もかかっていた。芦屋女子高、帝塚山学院短大とスポーツ強豪校ではない道を進み、一人で練習しながらさっそうと女子陸上の先頭に躍り出た十代。それはまさしく新時代にふさわしい活躍だった。

十五歳からあこがれていたオリンピック。前回ロンドンの記録映画を見つつ「ああ、行きたいな」と夢みた舞台を現実に踏みしめた感激は格別だった。「オリンピックで走れる喜び。開会式の場で幸せをかみしめました。限られた人しか味わえない青春の感激でした」。国を背負う緊張感もあったが、それより何より、大好きな競技の道で最高峰に到達したのだという純粋な喜びの方がずっと大きかったという。

百㍍予選は5位。走り幅跳びは5㍍54で16位にとどまった。ただ、2回目の跳躍では入賞に近づく5㍍80あたりまで跳んでいる。「靴の先の先」がわずかに出てファウルとなったのである。夢の舞台は勝負の厳しさを教えてくれた場所でもあったというわけだ。

「力を出し切れなかった。悔しい。どうしてなんだろう」「でも、あれだけつらい練習を一人で乗り切ったんだから、これからは何があっても乗り越えていける」――オリンピック出場を終えた思いは複雑だった。が、あの純粋な喜びは色あせなかった。「いつまでたっても宝物」とかつて彼女が語ったのは、すなわち、オリンピックでしか味わえない特別な感激があったからだろう。

競技生活を通して鮮やかに残る記憶のひとつは、五輪前年に開かれた第一回アジア大会（ニューデリー）で見た日の丸の旗だった。「平和になって初めて掲げられた日章旗。なんてきれいなんだろうと思いました」。あのころ、選手たちは日々の競技生活すべてに平和の喜びを感じていたに違いない。

# File. 18

## 吉野《よしの》トヨ子《こ》（1920−2015）

1952年ヘルシンキ大会　陸上

### ベテランが浴びた喝采

「不振」「期待外れ」と評されたヘルシンキ大会の日本陸上チームで、ほとんど唯一の輝きを放ったのは女子円盤投げの吉野トヨ子だ。日本選手が体格のハンディを負う投てき競技で4位に入賞した大健闘には、陸上史に特筆されるべき価値がある。

その時、山梨県教育委員会勤務の三十二歳。日本選手団全体では二番目、陸上チームでは最年長と、当時の女子としては異例の長い競技人生を続けていた。短距離、走り幅跳び、円盤に砲丸投げと幅広く活躍し、のちに投てきに集中するようになって徐々に世界レベルの力をつけたのだが、四年前のロンドンに日本は出場を許されなかった。ロンドンの女子円盤投げの優勝記録は41メートル台で、3位は40メートル台。二十八歳だった吉野の地力からすれば、そこでも上位を争えたかもしれない。彼女にとってヘルシンキはまさに待ちかねた舞台だったのである。

女子円盤投げは一九五二年七月二十日、陸上競技初日に行われた。18選手が進んだ午後の決勝。やや不利な試技順一番だったが、左投げから1投目に41メートル台、2投目には42メートル台の記録を出して6人に絞られる後半に進み、5投目に43メートル81を投げて4位をもぎ取った。表彰台を独占したのは、体格にすぐれ、国を挙げての強化を図ってきて、この大会から五輪に登場したソ連勢。とはいえ、一五九センチの小柄な体で欧州の強豪を抑えた吉野に、陸上競技をよく知っている地元の観客は惜しみなく拍手を送ったという。他の五人と比べると、その体は大人と子どもほど違っていたからだ。

「決勝ではあがっていたが、5投目の時には、ここで長い間の夢が結ばれるかどうかだと思った。けさ故郷に手紙を出したのをふと思い出した」との談話が新聞紙上に残っている。戦前のロス、ベルリンのやり投げと円盤投げで日本女子が獲得して以来の4位入賞。世界の競技力が飛躍的に向上した戦後、三十代でついに上がった五輪の舞台で先輩に並んだ喜び。それでもメダルには一歩届かなかった悔しさ。息長く取り組んできた大ベテランならではのさまざまな深い感慨が、素朴でさりげない談話から伝わってくるようだ。

　彼女はさらに競技を続けて五六年のメルボルン大会にも出場、その年には48メートル08のベスト記録も出した。日本選手権では円盤投げで8連覇、砲丸投げで5連覇。一線を退いた時、その心には「やり尽くした」の思いがあったに違いない。

File. 19

# 五人のサムライ

1952年ヘルシンキ大会　体操

## ぎりぎりの人数で戦った

「なぜ五人しか来なかったんだ？」と、各国の選手団や報道陣からしばしば聞かれたのは、ヘルシンキ大会の日本体操チームだった。団体戦は八人で戦い、ベスト五人の成績が採用されるのがその時の方式。五人ぎりぎりでは、一人のミスがたちまち得点を引き下げてしまうのである。

戦争をはさんだ空白によって日本が国際大会から離れているうちに、体操競技は大きく変わりつつあった。演技の内容、使用される器械、採点方法とすべての面で大きく進化していった時代だ。オリンピックの競技が初めて屋内で行われたのがヘルシンキだったということからも、その変わりようがわかる。

そうした知識も情報も乏しいまま、日本がやっと国際体操界に復帰したのがヘルシンキ前年だった。どのくらい戦えるのかわからない中では、あまり強いことも言えない。結果、ぎりぎりの人数で辛抱するしかなかったのだ。

だが、世界のレベルの高さに驚き、知識不足に戸惑いながらも、五人のサムライの健闘は予想をはるかに上回った。得意としていた徒手（現在の床運動）で「ネコのように柔らかい身のこなし」という現地評があったように、種目によっては世界のトップと互角以上の戦いを見せた。竹本正男が跳馬で、上迫忠夫が徒手で銀メダルを獲得し、跳馬では上迫と小野喬が銅を分け合うという好成績。この三人に金子明友と鍋谷鉄巳が加わった団体総合でも5位に食い込んでいる。そこで「五人だけでなければ、団体でもメダルが取れたのに」と不思議がる声が出たのだった。

「当時はコーチもいなくて、みんなうまい人を見てはそれを真似て自分で習得していった。武道、芸道のように自得の精神があった。ヘルシンキでも、やったことのない技をたくさん見て、それをなんとか真似しようと思った」

これは金子明友の回想。当時の選手たちには、知識や経験や競技環境の不足を補って余りあるだけの情熱があふれていたというわけだ。さきがけとなった五人はその後、それぞれ体操界の中心となって隆盛の基礎を築いた。「こんなに苦しい競技はなかった」（大会報告書から）という体験は実に貴重な第一歩となったのである。

ヘルシンキを終えた彼らの目はすぐ次へと向いた。「一日も安閑としておれない。あらゆる努力を払っていかねば」と報告書にはある。その情熱は早くも八年後、五輪団体金メダルとなって実ることになる。

File.20

# ロン・クラーク（1937-2015）

1956年メルボルン大会
最終聖火ランナー

## 次代へともした聖火

いったい誰が選ばれるのか。大役を務めるのは誰か。最終聖火ランナーの人選は、いまやオリンピックをめぐる最大関心事のひとつとなっている。一九五六年のメルボルン大会で、遠く離れた日本の新聞までも「ナゾに盛り上がる」「この噂で持ち切り」などと取り上げているところをみると、最終走者選びに熱烈な注目が集まるようになったのはそのあたりからだろうか。

オーストラリアで国民的な人気を集めていた陸上中距離のジョン・ランディを筆頭に、数々の名選手の名が挙がっていた開幕前。だが十一月二十二日夕、開会式のクライマックスでスタジアムに聖火を掲げて走り込んできたのは、その誰でもなかった。十一万観衆や詰めかけた世界の報道陣を大きくどよめかせる人物がそこにいた。

陸上の1マイルでジュニア世界記録を出していたが、まだ国際的には無名の十九歳。メルボルン大会の代表にも入っていない。ロン・クラークはまったくの予想外だった。組織委員会はあまたの有名選手ではなく、次代を担っていく若者を、あえて南半球初のオリンピックを象徴する存在として選んだのである。

当初は最有力とみられ、開会式では選手宣誓の方に回った大先輩のランディとはひとつの縁で結ばれていた。その年の国内選手権の1マイルでレース途中に転倒したクラーク。走り過ぎる選手の中でただ一人、気づかって立ちどまったのがランディだった。再び走り出すまで、およそ7秒ものロスがあったという。だがランディは猛然と追走して逆転優勝を飾り、そのスポーツマンシップと比類ない強さの双方でさらに人気を高めたのだ。新旧が鮮烈に交錯した一瞬。それもまた最終走者選びのひとつのヒントとなったのではないだろうか。

何度も1マイルの世界記録を出したランディだが、メルボルンでは千五百メートル銅メダルに終わった。のちに世界新を十七度も樹立する伝説の長距離王者となったクラークも、東京大会の一万メートル銅メダルしか手にしていない。オリンピックは時として、ヒーローたちにそんないたずらをするのである。

メルボルンの開会式当日の早朝、聖火台で覆面姿の男を見たという記者の目撃談が当時の新聞に載っている。これぞ下見中のクラーク本人だったという。なにごとも分厚くガードされている現在とはだいぶ違う、のんびり、ゆったりとした空気が好ましく感じられる一挿話だ。

# File. 21

## 石本《いしもと》 隆《たかし》（1935－）

1956年メルボルン大会　水泳

### 夢も悔しさも味わった

一九五四年九月、日大水泳部の自由形選手だった石本隆は、練習の合間に違う泳ぎを試してみた。バタフライである。カエル足で平泳ぎの一種類となっていたバタフライが、ドルフィンキックによって独立種目となったのはその前年。好奇心旺盛の若手たちはこぞって新泳法を試みていたのだ。

「お前はさまになっている。ちょっと百《メートル》を泳いでみろ」

見ていたコーチから声がかかったのが思いもかけない道を開くことになる。十九歳の一年生がマークしたのは当時の日本記録を上回るタイムだったのである。伸び盛りの若者がトップに駆け上るのに時間はかからなかった。バタフライが初めて五輪種目となった翌々年のメルボルン大会。二十一歳となった石本は文句なしの実力で日本代表に選ばれた。

「（最初は）夢を見ているような気持ちで、自分で自分が信じられないような感じでしたね。オリンピックも考えていなかったし。非常にラッキーでした。もともとキックが強かったので、それでバタフライに向いていたんでしょう」

五六年の五輪イヤーには百㍍で1分2秒0、オリンピックで実施される二百㍍では2分19秒6までタイムを伸ばし、金メダル候補に躍り出た。本人も「金しか頭になかった」という。が、南半球での初開催が思わぬ不利を呼んだ。日本はオフシーズンの十一月から十二月。当時は秋冬に使える室内プールがほとんどなかった。必然的に「自分で納得できるだけの練習ができない」ままの出場にならざるを得なかったのだ。

二百㍍ではラストスパートが持ち味。しかしいつもの泳ぎは戻らない。仕方なく、十二月一日の決勝は先行型のライバル、米国のヨージックと並んでスタートから飛ばしたが、あと五十㍍で力尽きた。「悔しさばかり」の2位だった。

時間がたっても無念は変わらなかった。ただ、帰国して郷里の高知に戻ると、駅前に町の人口の半分ほどにもなる人波が待っていた。それからは「銀メダルでこんなに喜んでもらえる。オリンピックってすごい」と思うようになったという。

その後、何度も世界記録を塗り替える活躍を見せて引退。スイミングクラブを開いて水泳振興に力を尽くしてきた。一方、自ら毎日のように泳ぐ習慣も変わらなかった。「泳ぐ喜びを感じます。そういう気持ちで練習に取り組んでいたら、間違いなく金メダルだったでしょう」と、歴史をつくった初代メダリストは笑ってみせたものだ。

File. 22

# 米倉《よねくら》 健治《けんじ》（1934–）

1956年メルボルン大会 ボクシング

## メダルが分けた「その後」

「あの時メダリストになっていたら、まったく違う人生になっていたかもしれない」とは米倉健司がしばしば思うことだ。日本のプロボクシング史に輝くビッグネームの一人。ファンの記憶に残るテクニシャンにして、ジム会長となっては次々と世界王者を育てた男がオリンピックに出場（当時は健治）したのは一九五六年のメルボルンである。

高校からボクシングを始めて明治大に進むと、日本初の世界王者・白井義男を育てたカーン博士の指導を受けるようになった。「ヨシオの次はケンジ」と名伯楽が見抜いた素質は、まずオリンピック代表として実った。フライ級でメルボルン出場を射止めたのは大学四年の時。二十二歳のアウトボクサーは二回戦でタイ選手に圧勝し、勝てばメダル確定の3回戦でフランスのリベールと対戦した。

試合後の採点は、ジャッジ五人のうち二人が米倉の勝ちで三人が同点。しかしその三人が、最終的に相手の優勢をとって判定はリベール勝利となった。当時の報道には「ふにおちない判定」「意外」の記述。「終わった試合については何も言わない」と本人は潔い姿勢を崩さなかったが、実際には米倉勝利となってもおかしくない内容だったようだ。「いま考えると惜しい」の言葉に、けっして表に出さない悔しさがわずかににじんでいる。

ただ、惜しい敗戦は結果的にその後の人生を大きく左右することともなった。

「メダルを取っていたら（その後は）変わっていたでしょうね。全然違うところを歩んでいたでしょう」

プロボクシングが現在ほど一般に認知されていない時代。五輪メダリストのプロ転向は考えられなかった。メダルを取っていればアマにとどまり、指導者となっていた可能性が高かったのである。

大学を出て一年だけ会社勤めをしたのち、プロとなった。すぐ日本フライ級の王座へと駆け上がり、次には東洋バンタム級チャンピオンに。世界挑戦も二度経験した。頂点まであと一歩と迫ったその戦いぶりはいまも語り草となっている。そしてヨネクラジムを開いてからは実に五人もの世界チャンピオンを出した。あの時メダルを逃したことから、プロでの長く豊かな道が開けたと言ってもいいだろう。

二〇一七年にジムを閉じるまで、選手の練習に鋭い視線をそそぎ続けた。その一方で、六十年あまりも前の開会式の感動も忘れなかった。オリンピックの記憶は常に人生の支えであり、また誇りでもあったのだ。

File.23

# 高橋《たかはし》 ヨシ江《え》

（1932－）

1956年メルボルン大会　陸上

## その後に生かした「無念」

「六回跳びたかった」というのが、あれ以来、ずっと心のどこかに残ってきた思いだ。メルボルン大会の陸上女子走り幅跳びに出場してから六十年あまり。その時、高橋ヨシ江が予選の最終3回目にマークしたのは5メートル68だった。5メートル70を跳べば4回目以降の決勝に進める。わずか2センチの差で、あと三回の跳躍機会が消え失せたのだった。

　その時二十四歳。中央大を出て母校の職員を務めながら競技を続けていた彼女のベストは5メートル93で、本番八日前の練習でも5メートル74を跳んでいた。本来の力を出せば予選通過はもちろん、上位も狙えたはずなのだ。実際、決勝に進んでベストに近い記録を出したとすると4位入賞だったのである。

「悔しくてしょうがない」といまでも思うのは、もちろん本来の力を出せなかったから。ただ、振り返ってみると、もうひとつ痛感することがあった。そのころ、女子選手が力を出し切るための環境はまったく整っていなかったのだ。

群馬県出身で、高校から本格的に陸上を始め、中大に進んで実力を蓄えたのだが、当時は女子の大学進学率が二パーセント台という時代だった。地元の陸上関係者は「東京の大学なんか行ってもつぶれるだけ」と猛反対したという。中大の女子陸上部もできたばかり。一期生としてはすべて自分たちで一から考えねばならなかった。以来、ずっとコーチ不在の現役生活。女子の競技そのものが、まだ手探りの域を出ていなかったというわけだ。

　メルボルンの陸上チームでも女子は三人だけ。もちろん女性コーチなどいない。女子の場合は男性コーチには相談しにくいこともある。

「そのころは女子選手の体の研究も進んでいませんでした。（オリンピックでも）女性の先生（コーチ）がいて、なんでも話すことができれば、それだけでも違ったかもしれません」

「いま思えば、まだまだ心も体もひよこでした。うまく調整もできなかったし、やっぱりもっと経験を積みたかったですね」

　しかし彼女は無念さをそのままにはしておかなかった。現役を退き、結婚して浜松姓となってからは指導者として女子陸上界の先頭に立ち、日本陸連女子委員会の初代委員長ともなって女性指導者の育成に取り組んだ。自らの経験をもとに、女子競技の環境づくりに全力をそそいだのだ。悔しくてたまらない予選落ちの記憶。彼女はそれを、後輩たちのために長い年月をかけて生かし切ったのである。

# File.24

# 東北大クルー

## 1960年ローマ大会　ボート

### 世界に最も近づいた日

激しい戦いだった。スタートで出遅れた日本代表はじわじわ追い上げ、中盤を過ぎてトップをとらえた。そのまま先頭へ。だが相手も負けていない。双方ともに猛烈なスパートを繰り出す。ゴール。どっちが勝ったのか。力を使い尽くした選手たちは大きくあえいでうつ伏した。

ローマ大会のボート競技・エイトの敗者復活戦A組。決勝進出をかけた大一番は九月二日、会場のアルバノ湖で行われ、日本代表の東北大クルーと地元イタリアの大接戦が繰り広げられた。「勝ったか負けたかわからなかった。ちょっと勝ったかな、というくらいの感じだった」とはコックスだった三沢博之の回想。だがゴールではイタリアがわずかに出ていた。たった60センチの差で、決勝の夢は若きオアズマンの手からこぼれ落ちたのだった。

その東北大クルーは、三十三歳の若さでオリンピックの監督を務めた堀内浩太郎が、卓越した理論と豊かなアイデアのすべてをそそいで育て上げた。四年がかりで学生に教え込んだのは自ら考案した超ロングレンジ漕法、すなわち可能な限り長くオールで水を押す漕ぎだ。といって、技術を逐一教え込んだのではない。大まかな方向を示し、映像を見せるなどして、選手が自身で考え、工夫するように仕向けていった。「堀内さんはああせいこうせいとは言わなかったけど、だんだん我々の中に堀内イズムが入ってきた」と、ローマで二番を漕いだ田村滋美は語る。こうして四年目、クルーは二千㍍で6分を切るという世界一流の力を持つに至り、五輪代表の座を文句なしにつかんだのである。

「メダル圏内」の自信を抱いてクルーはローマに赴いた。ただ、経験不足が思わぬところで顔を出す。スタートの号令がフランス語だとはわかっていたが、慣れぬ言葉にとまどううち、つい出遅れてしまったのだ。予選も敗者復活戦も同様。強豪がそろった予選B組では出遅れもあって4位にとどまったが、タイムはA組1位を1秒以上上回っていた。いくつかの運のなさが、手の届くところにあった決勝進出を遠ざけたというわけだ。

「もう悔しいだけ」とは三沢の思い出。一方、田村は、レース後に他国の選手から「グッドルーザー!」と声がかかったのを覚えている。

傑出した指導力で東京大会でも代表クルーを率いた堀内は、ローマの回想として「あれは日本のボートが世界に一番近づいた時だった」との言葉を残した。

File.25

## 穂積《ほづみ》 八洲雄《やすお》（1936－）

1960年ローマ大会 ヨット

### 初めて「世界」を知った

戦後しばらく、日本のスポーツ界の悩みの種といえば国際経験の乏しさだった。海外遠征は夢でしかなかったし、情報もほとんど入ってこない時代。ローマ大会のヨット競技に出場した穂積八洲雄が、およそ六十年前を振り返って「正直言ってびっくりしました」と語るのも、オリンピックに赴いて初めて知ったこと、あらためて痛感することが少なくなかったからだ。

二度の五輪を経験していた日本のヨットだが、前回のメルボルンは不出場。東大を出てNHK入局二年目だった穂積が出場したフィン級（全長四・五㍍の一人乗り）は、ことに経験の浅いクラスだった。日本には艇も少なく、穂積が乗ったのも社会人になってから。国内でフィン艇をそろえて練習することもほとんどなかった。

このクラスは開催国が艇を用意する。ヨット会場のナポリに入ってみると、まずその艇そのものが違っていた。日本のものより進んでいて、見たこともない仕掛けさえあった。練習で見るトップ選手の操船技術も違っていたし、各国選手の体の大きさにも驚かされた。日本国内ではわからなかったことばかりが、本番直前にいきなり目の前に現れたというわけだ。

あらためて感じたのは体格差だった。フィンは体力や運動能力が最も必要とされるクラスで、体が小さければ決定的に不利となる。身長一七〇センチ、体重六八・五キロの穂積。一方、有力選手には体重九〇キロ台の巨漢がそろっていた。

「風が弱ければ対等に勝負できる。でも風が強ければ体が大きくないといけない。艇が傾いてしまいますから。まあ風速5メートルまで。それを超えたらダメでした」

参加三十五か国で7回戦のレース。風が弱い時は10位台前半まで上がったが、風が強いと20位台に落ち込んだ。総合23位。初めての国際舞台、すべて手探りの中ではそれが精いっぱいだった。ナポリの海は若きセーラーに競技の真の厳しさを否応なく教え込んだのである。

これで現役を終えた穂積は、だが、この経験をのちのオリンピックに生かすこととなる。ＮＨＫのプロデューサーとして国際報道に奔走するかたわら、国際ヨット競技連盟（現国際セーリング連盟）の役員となり、軽量選手でも乗りこなせるレーザー級の五輪種目採用に力を尽くしたのだ。「世界中でヨット競技を発展させるためには、体が小さくても対等に勝負できる種目が必要ではないか」。ナポリで味わった苦闘の経験が、多くの選手に新たな活躍の道を開いたのだった。

# File. 26

## 山中《やまなか》 毅《つよし》（1939－2017）

1960年ローマ大会　水泳

### するりと逃げた「金」

「あの時は絶対負けないと思っていました」と山中毅は語っていた。日本水泳史に輝く名選手が振り返っていたのは一九六〇年八月三十一日のことだ。ローマ大会の四百㍍自由形。メルボルンの銀メダルから四年がたち、「今度こそは勝てる」と自信をみなぎらせて臨んだのがこのレースだった。

十七歳だったメルボルンでは四百㍍と千五百㍍で銀。以来、早大に進んで小柳清志コーチとマンツーマンのコンビを組み、壮絶な猛練習で泳ぎを磨き抜いてきた。「一日平均二万㍍は泳いだ。たとえば、百㍍を1分7秒台で百回というインターバルもやった」という練習は、まさしく彼だからこそ可能だった。他の選手が試みれば失神してしまうような内容をこなしていたのだ。五九年には四百㍍で世界記録を樹立。こうして「絶対負けない」確信が生まれたのである。

しかしローマ入りした山中は思わぬ落とし穴に直面する。当時は各選手にコーチがつく時代ではない。水泳チームのコーチは二人だけで、小柳コーチは選手団に入っていなかった。いつもは二人三脚で綿密にコンディションを練り上げ、試合当日にピークをぴたりと合わせてきている。それが勝負どころでわずかに狂ったのだ。

「ちょうど一週間前にピークが来てしまったんです。その時はいくら泳いでもきつくなかった。だけど、山が来れば（次には）必ず谷がある。四百㍍決勝の時は（調子の）どん底でした。重いというか腕が回らないというか、体が思う通りにならなかった……」

コーチからはメモも受け取ってはいたが、練達の目による微妙な力加減がなければピンポイントでピークを合わせるまでには至らない。トップスイマーならではの精密さが、この時ばかりは裏目に出たのだった。

勝ったのはオーストラリアのマレー・ローズ。メルボルンでも二種目で敗れた雪辱はならなかった。ただ、誕生日が八日しか違わない同年のライバルは、互いに高く評価し合う友人でもあった。「彼のことは尊敬しています」という山中の言葉は、そのままローズの思いでもあったろう。

翌日行われた八百㍍リレーで山中は第3泳者として力泳、日本に銀メダルをもたらした。次の東京まで三大会連続で出場し、獲得した銀メダルは計四個という偉大な足跡。ただ、本人は「銀四つはいらないから、金ひとつが欲しかった」とさりげなく語るのを常としていた。

File.27

# アベベ・ビキラ（1932-1973）

1960年ローマ大会　マラソン

## あの日、世界が驚いた

オリンピックのマラソン史上、最も驚きを持って迎えられたランナーといえば、間違いなくこの人物だろう。ローマ大会・陸上競技最終日の一九六〇年九月十日。午後七時四十七分、かがり火に照らされた最後の直線からゴールへと走り込んできたゼッケン11の選手が、観衆や各国報道陣の大きなどよめきを誘ったのは、そのアベベ・ビキラがまったくノーマークの存在だったからだ。

あまりにも有名な「裸足」で硬い石畳を走って、優勝タイムは2時間15分16秒の世界最高記録。しかも、エチオピア初の金メダリストは疲れもみせずに「走れと言われればもう一度だって走れる」と言い放った。以来、そのシーンが繰り返し語られる伝説となったように、それはまさに衝撃そのものだった。

二十八歳だった親衛隊の兵士ランナーがもたらしたのは、大番狂わせの驚きだけではなかった。起伏の多い難コースながら、最初の5キロを15分35秒、次の5キロを15分32秒という、当時としては破格のハイペースで流れたレースを、大きな落ち込みもないまま押し切って圧勝した走りは、マラソンに対する考え方を百八十度変えた。持久力と我慢ではなく、スピードでこそ勝負しなければならない。世界のマラソン観を変えた激走はまた、アフリカ勢が長距離王国を築くさきがけともなった。彼は歴史的な節目の扉を大きく押し開いたのである。

四年後の東京大会も世界最高記録による圧勝。母国から遠く離れた日本でも、誰もがアベベの名を知っていた。ローマの翌年、来日してレースに出た時は、アベベをひと目見ようとする群衆やバイクの集団で走路がふさがれてしまうほどだった。

後半生が一転して苦難の連続だったこともよく知られている。三度目の五輪出場だったメキシコは途中棄権。その翌年、車を運転中の単独事故で車いすの生活となった。英国のストークマンデビル病院で治療を受けた縁で、同病院発祥のパラリンピックにはアーチェリーや卓球で出場し、変わらぬ不屈の思いを示したが、それもつかの間だった。一九七三年十月、四十一歳の若さで死去。不世出の長距離走者は一気にその生涯を駆け抜けてしまったのである。

「真の強敵はライバルではなく、自分自身だった」という言葉が残されている。期待と人気を常に背負って先頭を走り続けた一生。そこには栄光と同量の重圧がひっそりと隠れていたようにも見える。

# 第3章 世紀の祭典

1964 東京

File. 28

# 坂井《さかい》 義則《よしのり》（1945-2014）

1964年東京大会 最終聖火ランナー

## 忘れられない青空

一九六四年十月十日の午後三時過ぎ、坂井義則は東京・国立競技場のバックスタンド最上段に立ち、聖火台にトーチの火を移した。大役を果たし終えて、十九歳の若者はなんともいえない解放感に浸った。何より記憶に残ったのは、その時見下ろした光景だったのだとは、この最終聖火ランナーがのちに何度も語っていたことである。

「素晴らしい、ほんとに素晴らしい青空。それが一番印象的でした。いまも目にやきついています。お天道さまが舞台をつくってくれたんですね」

前日は激しい雨。それが一転して、東京オリンピックの開会式当日はこれ以上ない快晴だった。目の前にあったのは芝生の緑、トラックの赤と各国選手団のカラフルな衣装、そしてすべてを祝福するかのような青空がどこまでも広がっていたのだ。「誰よりもいい特等席」から見た光景は、思わず「神様が味方してくれた」と感じるほどに美しかったという。

陸上中距離の国内予選で五輪出場を逃した早大一年生に、最終聖火ランナーの声がかかったのは開幕の二カ月前。そこから彼は思いもかけない騒ぎの輪に巻き込まれる。「サカイ君」は初の五輪大会の主役の一人として日本中の注目を集めた。戦後復興のあかしとして国民こぞって待ちわびたオリンピック。背負ったものが「近づくにつれてだんだん重くなった」のも無理はない。

だが本番は完璧だった。鼓隊の音で前のセレモニーが終わっていないのを察し、とっさに入場を遅らせるほど落ち着いていた。緊張と重圧の二カ月を過ごして、最後には「もうやるしかない」と度胸がすわったのである。

最大のヤマ場である点火のタイミングも上々だった。綿密な打ち合わせもしていなかったのに、ガスを放出する係員との呼吸もぴたりと合った。

「まさにあうんの呼吸。みんなが絶対に成功させたいと思っていた。それこそ一丸になっていたということでしょうね」

重圧を乗り越え、一丸となる充実を感じながら果たし終えた重責。忘れられない青空のように、その心も澄み切っていたに違いない。

聖火台に背筋を伸ばして立つ若者の姿は、その後もずっと伝説として語り継がれてきた。それは復興の象徴であり、来るべき発展を指し示す一里塚でもあった。二〇二〇年大会の開催決定（一三年九月）を見届けてこの世を去った最終走者。だが、あの日の炎はいまもさまざまな形で燃え続けている。

File.29

# ホッケー代表チーム

## 1964年東京大会　ホッケー

## あの屈辱、乗り越えた

一九六四年十月十一日、開会式の余韻がまださめやらない東京大会二日目に、ホッケー日本代表チームはいきなり正念場を迎えた。駒沢第一ホッケー場で戦う相手は強豪パキスタン。日本のホッケーにとってこの国名が特別だったのは、四年前の記憶があったからだ。ローマ大会で日本は0－10の屈辱的敗戦を喫していたのである。

二十三歳のレフトウイング・木原征治がまず驚いたのは新設のグラウンドの芝だった。実にみごとな天然芝で、かつて本場インドで見た競技場にも劣らなかった。日本のホッケーは発展途上だったが、自国開催のオリンピックはこんなに素晴らしい舞台を用意してくれたのだ。「よし、パキスタンは強いが、そう簡単に負けはしないぞ」。ローマの大敗を身をもって体験していた木原は、世界一とも思える芝の上で自らを奮い立たせた。

ローマ以後、日本ホッケー界はかつてない熱意で強化に取り組んできた。屈辱が彼らを駆り立てていた。外国人コーチを招き、選手は若手に切り替え、当時は簡単ではなかった海外遠征を繰り返した。強行日程の、まるで武者修行のような旅ばかりだったが、皆がそれを当然と思っていた。その結果、「相手がパキスタンでも簡単には負けない」の手ごたえが生まれたのである。

パキスタンの強さは相変わらずだった。攻め込まれ、耐える日本。前半11分に失点。後半も押され続ける。だが四年前とは違う戦いだった。日本は真正面から渡り合って引かなかった。後半のチャンスでシュートがジャストミートしていれば、あるいは同点に持ち込めたかもしれない。

0－1のタイムアップ。「1－0でも10－0でも負けは負け。悔しいなあ……」。木原も他の選手も思いは複雑だった。最少の点差でも、壁の厚さを再び実感しないではいられなかったのだ。とはいえ、この一歩は小さくなかった。屈辱は拭い去られ、次への視界が開けたのである。

グループリーグで日本は3勝3敗の成績を残し、5－6位決定予備戦に敗れて入賞を逃した。「悔いはないが、力がついてきていただけに、せめて6位には入りたかった」と木原は振り返る。ただ、オリンピックがホッケー人生最高の思い出であるのは間違いない。のちに協会役員として強化に奔走したのは、あの雰囲気を後輩たちに味わわせてやりたかったからだと、かつてのレフトウイングは語っている。

File. 30

# 三宅《みやけ》 義信《よしのぶ》（1939－）

1964年東京大会　重量挙げ

## 絶対王者の完璧な勝利

三宅義信は歩いて試合会場へと赴いた。応援の人々に囲まれて向かったのは選手村に隣接する渋谷公会堂である。東京大会第三日の一九六四年十月十二日、重量挙げ（ウエイトリフティング）のフェザー級は午後五時に始まった。

百キロをはるかに超えるバーベルに挑む重量挙げ。三宅はそれに加えて、とてつもなく重いものを背負っていた。二十歳で銀メダルを獲得したローマ大会ののち、世界選手権を二度制し、抜きん出た存在となっていた彼には、「絶対に金」の期待がのしかかっていたのだ。試合が大会序盤に設定されたのも、これを「日本第一号の金メダル」とするためだった。

重すぎる期待にもひるまず、三宅は世界一の力と技をさらに磨き上げてきていた。四年間の長期計画を立て、多い時は一日百トンの重量を挙げ、自ら考案した多彩なトレーニングを積み、食事や休養にも気を配った。それでも迫ってくる不安や焦燥は、「おのれを信じるしかない。そうすればバーベルがおのずと上がってくれる」と思いきわめて押し返した。

とはいえ人間の心は鋼鉄にはなり切れない。いざ本番となってバーベルに相対した時には、にわかに動悸が激しくなった。「心臓が鳴り響いてなかなか落ち着かなかった」のは、やはり並外れた重圧がかかっていたからだろう。しかし、観客席で心配そうに見つめる両親を見て落ち着いた。「心配しなくても大丈夫だ。挙げてみせるから見ていてくれ」と思うことで、自分の方の緊張がほぐれたのだった。

「自分が挙げるんじゃなくて、バーベルが勝手に上がった。いつの間にかバーを握って、いつの間にか挙げていた」という最初の試技。あとは圧倒的だった。プレス、スナッチ、クリーン&ジャークの三回ずつをすべて成功させるパーフェクトゲーム。トータル397・5キロは自らの記録を塗り替える世界新。これほど完璧な勝利はめったにあるまい。身長一五五センチの小柄なリフターは、その強靭な体と心で、想像を絶する重圧をついにはね返してみせたのである。

競技を終えた夜、選手村で金メダリストは「終わったんだ」「よかった、本当によかった」と勝利を静かにかみしめた。ふと浮かんだのは、こんな思いだったという。

「ああ、この金メダルは、考えてみれば一瞬の花だなあ。四年間の苦しみも努力も、すべてこの一瞬のためにあったんだなあ」

File.31

# サッカー代表チーム

## 1964年東京大会　サッカー

### 世界を驚かせた大逆転

キックオフの笛は小雨の中だった。新設された駒沢競技場の美しい芝も濡れて滑りやすくなっていた。だがピッチに散った選手たちの心は躍っていた。

東京大会五日目の十月十四日。サッカー日本代表は初戦を迎えた。相手は世界の頂点の一角にいるアルゼンチン。日本はといえば、前回のローマではアジア予選さえ突破できなかった。すべてが発展途上。到底勝ち目はないとの前評判だったのも無理はない。

ただ、若手中心の日本チームは急速に成長しつつあった。何より大きかったのはデットマール・クラマーの存在だ。強化の切り札として招かれたドイツ人コーチはまったくの基本から鍛え直した。長期の海外遠征や合宿で若い力は一気に伸びた。個性派ぞろいのイレブンが強敵相手に臆することもなく、心を躍らせて試合に臨んだのはそのためだ。

「とにかく当たって砕けろという気持ちでした。我々の力が世界の強国にどこまで通じるのか、精いっぱいやってみよう、と。なんというか、純粋な高揚感のようなものがありましたね」

語るのは二十四歳だったライトバックの片山洋である。チームのコンディションも上々だった。相手が屈指の強豪でもひるまなかったのは、パワーで押す欧州勢より足元で勝負してくる南米チームの方がやりやすいという思いもあったからだ。

予想通り、アルゼンチンが試合を支配した。が、日本は真っ向から受け止めた。前半は0－1。後半、同点に追いついた後、再びリードされたが、選手たちは流れが変わりつつあるのを感じていた。スタミナ十分で粘っこくプレーする日本に対して、アルゼンチンがしだいに勢いを失っていったのである。

後半36分、川淵三郎のダイビングヘッドで同点。1分後、相手GKがはじいたボールを小城得達が押し込んで、ついに勝ち越し。残り時間をしのぎ切ってタイプアップの笛が響いた時、世界を驚かせた大番狂わせが完成した。

ベスト8進出。準々決勝で力尽きたが、得たものは大きかった。「やってきたことは間違っていなかった」。その自信こそが、四年後のメキシコでさらなる快挙を引き出すこととなる。

半世紀前の勝利を片山洋はこう振り返っている。

「あの時、サッカーっていいなと思いました。テクニックや戦術はアルゼンチンの方がはるかに上なんです。でも、みんなが結束して気持ちを高めて頑張れば、こういうこともあるんですよ」

# File.32 ヨットＦＤ級選手

## １９６４年東京大会　ヨット

### 助け合った海の男たち

東京大会五日目の十月十四日、ヨット会場の江の島沖には強い北風が吹いていた。公式報告書には「18－20㍍」の風速とある。これはヨット競技にとって何ともやっかいな状況だった。二人乗りのフライングダッチマン（ＦＤ）級に、三十歳の日本代表スキッパー（艇長）として出場していた田上泰利の説明はこうだ。

「南風だと波高が高くて波長は長い。北風ですと、波高は南風ほど高くないですけど、波長が短いんです。私は（風速）22㍍と聞いていましたが、北風が22㍍も吹くと細かくて高い波になる。非常に悪い波です。スタート前にそれだけ吹いていたら中止になったでしょうね」

そこで、この日第3レースを行った各級の艇のおよそ四分の一にあたる27艇が転覆や故障でレースを全うできなかった。ことにＦＤ級は苦闘を強いられた。21艇中、8艇がリタイア。「スピードが速いので波にたたかれやすい。だから転んで（倒れて）しまう」（田上）のである。

そんな中でのちのちまで語り継がれる一挿話が生まれた。オーストラリア艇から投げ出されて流されかけた一人の選手。艇に残るスキッパーはどうすることもできない。その時、スウェーデン艇のキエル兄弟が自らのレースを中断して落ちた選手を救い上げ、オーストラリア艇に送り届けたのだ。スウェーデンはその後レースに復帰したが、タイムロスは大きく、この日は12位。だが翌日の新聞各紙は「友情の金メダルに拍手」「人類愛の金メダル」などの見出しでこの行為をたたえたのだった。

ただ、当事者たちは冷静だった。「オーストラリア選手は救助を待っていた。助けるために遠くまで行かねばならなかったが、当然のことをしたまでだ」とキエル兄弟は語っている。スウェーデン艇に三人乗っているのを見て異変に気づき、監視艇に知らせた田上も「(近くにいれば)自分もそうした。みんなそうだと思う」という。美談として半世紀にわたって語られてきた話だが、ヨット選手からすればまさしく「当然のこと」だった。海の怖さを知り尽くす彼らにとっては、試合の相手もライバルも、まずは仲間であり同志なのだろう。

その日は田上の日本艇も三回転覆したという。そのたびに艇を起こして走った。しまいには舵も破損したが、それでもひるまずフィニッシュした。めったにない悪条件は、海の男のたくましさの見せどころでもあった。

# File.33

## 佐々木《ささき》 吉蔵《きちぞう》（1912－1983）

1964年東京大会　陸上競技スターター

### 思いかなった号砲一発

大会六日目の十月十五日午後三時半過ぎ、国立競技場で陸上を見守る大観衆の視線はただ一人に向けられていた。大会の華、男子百㍍決勝を圧倒的な力で制してゴールに入ったボブ・ヘイズである。ただ、誰も見ていなかったスタート地点にも金メダリストと同じほどの喜びを感じている人物がいた。スターターを務めた佐々木吉蔵もまた、長年の夢をその時かなえたのだ。

戦前のロス、ベルリンの両大会で短距離の日本代表となった往年のスプリンターは、大学教師や文部省勤務のかたわら競技役員を続け、中でも号砲を撃つスターターとしては並ぶもののない評価を受けていた。その時五十二歳。日本一の名人がひたすら念じていたのはこのことだった。

「オリンピックで百㍍のスターターをやりたい。そして決勝を一発で出したい」

100分の1秒でも早く飛び出したい走者たち。当時はフライング覚悟でヤマをかける者もいた。それをまとめ上げ、全員の息を合わせてスタートを切らせなければならない。オリンピックのように野心と執念が渦巻く大舞台では必ずといっていいほどフライングが出る。それを一回できれいに出すのが、名スターターの何よりの念願だったのである。

一世一代のチャンスがめぐってきた東京。大会が始まると佐々木は練習場に通い、選手のスタート練習で号砲を撃った。そうしておけば双方の息が合う。大本命のヘイズとは本番三日前に一対一でスタート練習を行い、信頼関係を築いた。その時の落ち着いた対応を見て、佐々木はヘイズ優勝を確信したという。

著書に「私の半生において最も意義ある日」と書き記されている決勝の日。いよいよレースの時を迎え、「位置について」に続いて「用意」の声をかけると、八人の選手はさっと腰を上げて静止した。スターターの思いにこたえるかのような素早い動き。佐々木はすかさず撃った。いつもより早いタイミングだ。それでも走者はそろってスタートラインを飛び出した。

撃つタイミングは明らかに常より早かった。だが少しでも待てば誰かがフライングしたに違いない。練り上げた技は一瞬を逃さなかった。こうしてスターターの願いはかなったのである。スタート台を下りた佐々木はぽつりと言った。

「ああ、これでオレの仕事は終わったよ」

そこでスターター人生を終えたわけではない。が、その時、名人の心は深く深く満たされたのだった。

File.34

# 吉田《よしだ》 義勝《よしかつ》（1941－）

## 1964年東京大会　レスリング

### 唯一の勝機をとらえた

その瞬間、吉田義勝が鋭くタックルに入った。右手がアリ・アリエフの左かかとにかかる。倒れた相手のバックを取って1ポイント。一瞬の早業が栄冠をしっかりと手繰り寄せた。

東京大会のレスリングで大活躍した日本。十月十四日、フリースタイル・フライ級の5回戦で二十二歳の日大四年生の前に立ちはだかったのが、それまで日本選手が誰も勝てなかったソ連のアリエフだった。「いくら考えてもポイントを取るイメージが出てこない」というほどの難敵。しかし吉田はひとつだけ弱点を見抜いていた。怪力で手をつかまれたらふりほどけないが、引き寄せようとする時にはかかとに重心がかかる。そこを思い切ってつけば…。

5回戦の終盤、タックルにいったのはまさしくその瞬間だった。最大のヤマを乗り切り、迎えた決勝は圧勝。唯一のチャンスを逃さなかった若武者の勇気が金メダルをもたらしたのである。

そこに至るまでにも、吉田は何度も苦しい局面を乗り越えている。まず代表決定。フライ級には実績あるベテランがいて、最終選考会優勝の吉田といえども代表入りは難しいとみられていた。が、八田一朗会長、笹原正三代表コーチら日本協会首脳部が「アリエフに勝つには吉田」と決断してくれたのだ。

ところが今度は開幕三日前にカゼで三九度の発熱をしてしまう。ベッドを離れられない絶体絶命のピンチ。ただ、これも熱さましや栄養剤の注射で乗り切った。開会式翌日の初戦は「足が地につかないでフワフワしている」状態だったが、ひと汗かいて体調が戻った。金メダル獲得の瞬間、「自分を選んでくれた責任を果たせた」という大いなる安堵感が全身を包んだのは、それほどに道が険しかったからである。

「軽量級は金でなければダメだといわれていましたからね、重圧はありますよ。でもマットに上がったら、オレはこれだけやってきたんだから負けるはずはないという気持ちになりました」

八田イズムといわれる独自の厳しい強化策で鍛えてきた代表チーム。どんな状況も切り抜けていくたくましさは、確かにここでも花開いたというわけだ。

発熱に苦しんでいる時、病室を訪れた八田会長は「いいからメシを食え。お前の体の方が大事だ」と言った。減量はもういいから体を治せという温情。吉田は師の思いにこたえ、頑張り通して期待にこたえた。東京のレスリングチームは、闘志と情にあふれた男たちの集団だった。

File.35

# 田中《たなか》 聰子《さとこ》（1942−）

1964年東京大会　水泳

## 人生最高の泳ぎだった

東京オリンピックの顔ともいうべき選手が何人かいるように思う。成績だけではない。その時代を象徴する選手。健闘が多くの記憶に残っている選手。たとえば田中聰子もその一人だ。

ローマ大会で水泳・女子百メートル背泳ぎの銅メダルを獲得したのは高校生の時。当然、東京では金メダルの期待がかかった。「サトコ人気」は沸騰し、アイドルのような注目を浴びることにもなった。

とはいえ現在のトップ選手のような環境にいたわけではない。八幡製鉄社員として安定した競技生活を送ってはいたが、練習は勤務後の夕方からで、暗い屋外プールは秋になると震えるほど寒かった。トレーニングの器具は手づくりで、競技に関する情報も乏しい。当時の女子水泳は低年齢化が進んでいて、二十二歳、一五八センチの身で大柄な欧米の十代と戦うのはなんとも苦しい状況だった。加えて、女子背泳ぎの五輪種目は百メートルだけで、得意の二百メートルはまだ採用になっていない。そんな時代のそんな環境のもとで彼女は戦っていたのである。

冷静にみて勝つのは難しい。だが期待は日に日に高まる。のしかかる重圧。「どうすれば記録を伸ばせるか。壁をどう乗り越えるか。常に悩んでいた」。もがいてばかりというのがそのころの記憶だという。しかし、もがくうちに心が決まった。

「自分の力を出すしかない。自己ベストを出せばいい。そうすれば後ろ指を指されることはないんだ」

迎えた十月十四日の本番。予選では重かった泳ぎが決勝では一変した。前半は横一線。後半、力の限りを尽くして入ったゴールは表彰台へあと一歩届かない4位。ただ、1分8秒6はそれまでの記録を0秒8も上回る自己ベストだった。上位三人が世界記録を破ったハイレベルなレースで、彼女もまた人生最高の泳ぎをやってのけたのだ。まさに「誰にも後ろ指を指されない」泳ぎだったと言っていい。

「なんといわれようと、私はこれ以上できない」というのがレース後の思いだった。二つ目のメダルは手をすり抜けたが、何も思い残すことはないほど力を出し切った満足がその胸にあった。

現役を退き、結婚して竹宇治姓になってからは、マスターズ大会で泳ぐ一方、娘の病気をきっかけとしたぜんそく児のための水泳教室をライフワークとしてきた。穏やかながらも凛とした雰囲気を感じさせるのは、常に自らの力を出し切ってきた生き方のゆえに違いない。

File. 36

# バスケットボール代表チーム

1964年東京大会
バスケットボール

## 「連携」で埋めた身長差

東京オリンピックの四年前、ローマ大会出場を終えた帰途の機上で、増田（現姓・木内）貴史はひたすら考えていた。最年少の二十歳、大学二年で加わったバスケットボールの日本代表チームは、ローマで七戦全敗。「想像以上の力の差」をどう埋めていくのか、四年後には主力となるべき若手として、考えねばならないことは山ほどあったのである。

ローマの出場国で平均身長は一番下。技術でも歴然とした差があった。どうしたらいいのか、簡単に答えは出ない。考え抜いた末の思いは「我々の持っているものを百パーセント出したら、どこまでできるか。もっとやり尽くすべきところがたくさんあるんじゃないか」だった。近道も特効薬もない。どん底からはい上がるには、地道な努力をひたすら重ねるしかなかったというわけだ。

手探りの挑戦。とはいえバスケット界挙げての努力はしだいに実を結んでいく。ナショナルチームの常設。大型の若手の発掘。米国コーチの招聘。海外遠征での強豪との対戦。するとチームに変化が生まれた。「二メートルを超えるような選手を相手に、どう攻めて、どう守ったらいいのかが体にしみ込んできた」のである。個々の能力も上がったのは、ダンクシュートをできる選手が何人も出てきたことが証明していた。

迎えた東京大会。チームの平均身長はローマより四センチ伸びたが、それでも最も小さい方に変わりはない。だが戦いぶりは大きく変わった。ボールを動かして相手を崩してから確実にシュートを決める攻め。二人がかり、三人がかりで相手の大型選手に対応し、時間をかけさせてミスを誘う守り。日本はその「連携」を武器に九戦のうち四勝を挙げた。欧州屈指の強豪・イタリアも倒した。最終成績は10位だったが、ローマの屈辱を拭い去る健闘だったと言っていい。絶対的な身長差を、彼らは四年間でほぼ埋めてみせたのだ。

増田貴史はシューティングガードとして活躍し、チーム最多得点をマークした。全試合を終えて「なんともいえない解放感」に浸ったのは、「東京ではなんとしてもチームを担う存在となって、自分の思うようなプレーをする」と自らに責務を課して、大学生から社会人となった四年間のすべてをそそいできたという自負があったからだ。おそらくその思いは、自国開催に力を尽くした多くの選手に共通するものだったに違いない。

File.37

# ハンセンとラインハルト

## ——名勝負が生まれた夜

1964年東京大会　陸上

東京大会第八日の十月十七日、国立競技場は夜が更けても熱気に包まれていた。震えるように肌寒い夜気の中で観衆が見つめていたのは棒高跳びのピットである。そこで、いつ果てるともしれぬ緊迫の勝負が続けられていた。

十八人が参加して午後一時に始まった決勝はなかなか進まなかった。もともと長くなる競技のうえ、まだタータンだった助走路の整備や、着地用のウレタンの切れ端が飛び散ったのを戻す作業にも時間をとられたのだ。4メートル80で八人となり、5メートルに六人が挑むころにはもう夜の八時。そして5メートル10にバーが上がり、金メダル争いは米国のフレッド・ハンセンと統一ドイツのウォルフガング・ラインハルトの一騎打ちとなった。

「長い時間、緊張感を保ちながらも、非常にフェアな二人の競技態度。これが素晴らしかった。単なる優勝争いじゃない。国をバックにして、勝ち負けだけにこだわらず、黙々と金メダルに挑戦していく。何より、その品格を備えた競技態度が見ている者の心を引きつけたと思います」

審判の一人として試合を見つめた廣島雄三さんが語る。その時三十二歳、日本学生選手権で走り高跳び二連覇の名選手だからこそ、二人の思いがより鮮明に見えたのだろう。寒さの中で席を立たなかった観衆にも、その真摯さが強く伝わっていたに違いない。

午後九時を過ぎても続いた対決。5メートル10の最終3回目、ハンセンがクリアし、ラインハルトは落として、ついに金メダルの行方が決した。5メートル05をパスしたハンセンが落としていれば、それを跳んでいるラインハルトの優勝。極限まで力を絞り尽くした末に、二十三歳の執念が二つ年下の好敵手の闘志をほんのわずかだけ上回ったのである。この種目で米国が第一回以来の五輪十五連覇を達成した時、雲間から出た月が競技場を照らした。時計の針は十時を回っていた。

「これ以上はできない。今夜の決戦は私にとってもラインハルトにとっても生涯の思い出になるだろう」と語ったハンセン。勝負を終えた二人は抱き合って互いの健闘をたたえ合った。

廣島さんが振り返る。

「本当に清々しい光景でした。いまもはっきりと頭に残っています。スポーツはこうあるべきだと思いました。こんな名勝負に巡り会えて幸せです」

その夜、競技場にいたすべての人間に忘れ得ぬ記憶を鮮やかに刻みつけて、九時間余の戦いは幕を閉じたのだった。

File.38

# フルーレ団体チーム

## 1964年東京大会　フェンシング

## 世界に迫った日本の剣

「日本人がフェンシングをやるのか。いったいどんな格好でやるんだ」。一九六二年、二年後の東京大会へ向けてフランスに留学した時、現地の反応はそんなものだったと田淵和彦は振り返る。戦後、やっとオリンピックに参加するようになった日本のフェンシングを、強豪国は歯牙にもかけていなかったのだ。

同志社大でフェンシングを身につけ、ローマ大会にも出場した田淵は、その時二十八歳。既にかなりの経験を積んでいたが、留学に際しては基本から学び直す気構えでいた。

「なぜ、どうして、ということなんです。なんでこうするのかという疑問を、日本ではなかなか解決できなかった。なぜ、どうしてこうするのかという理論の裏付けを学びたかったんです」

とはいえ強豪国にひるみもしなかった。軽侮の目をはね返すには勝つしかない。一緒に留学した三歳年下の大川平三郎とともにパリのクラブで必死に練習し、大会にも出た。慣れぬ環境に苦しんだ一年目。だが二年目になると次々と好成績をおさめるようになった。国際大会の決勝が大川との日本選手対決となったこともある。

あえて基本から学ぶ一方で、本場の強豪と剣を交え続けた二年。いよいよ東京の本番となって、最も期待されたのはフルーレ団体である。メンバーは田淵、大川と清水富士夫、真野一夫、戸田壮介。キャプテンの田淵が「メダルもいける」と自信を深めていたのは、その濃密な二年間が確かな手ごたえを残していたからだ。

そして開幕。アラブ連合、韓国を一蹴して迎えたのがハンガリー戦だった。世界四強の一角を占めていた強敵を田淵、大川の活躍で倒した時、欧州勢は「日本はおそろしい」と顔色を変えた。そこまで日本が強くなっていようとは、誰も予想していなかったのである。

激闘をくぐり抜けた日本チームに余力はなかった。準決勝のポーランド戦、3位決定戦のフランス戦に敗れて4位。メダルはあと一歩で消えた。が、これで世界のフェンシング界が日本を見る目は百八十度変わった。軽侮の視線はきれいさっぱりと拭い去られた。

「上を見ればきりがない。当時の環境からすれば、あれが精いっぱいです。足りなかったものを今度は後輩につないでいけばいいんですから」

田淵は指導者となって後進の育成に力をそそいだ。大学の後輩の太田雄貴がついに五輪銀メダルを獲得するのは、その四十四年後のことである。

# File.39

## ——八百メートルリレーチーム——

1964年東京大会　水泳

### 「最後の砦」を守った

日本水泳陣は追い詰められたような気持ちだったに違いない。戦前戦後を通じて常に好成績を挙げてきたオリンピック。なのに肝心の東京大会では表彰台が遠かったのである。

選手たちは頑張っていた。あと一歩の4位が四種目。ただ、米国を筆頭に強豪国の伸びは想像以上だった。メダルゼロで迎えた水泳最終日の十月十八日、八百メートルリレーが最後の砦となった。

祈るような視線を受けたメンバー四人は、第一泳者から福井誠、岩崎邦宏、庄司敏夫、岡部幸明。予選で調子の上がらなかった名選手・山中毅をあえて代えたのは、なんとしてもメダルを取らねばならないという危機感ゆえだ。四人は決意を固めてレースに向かった。二十四歳の実業団スイマーだった庄司敏夫が振り返る。

「アメリカとドイツには届かない。オーストラリアにどう勝つか。アンカーで10メートルの差があればなんとかなる。その差を堅持しよう、と」

３位を争うオーストラリアのアンカーは千五百メートルの金メダリスト。10メートルのリードがなければ逃げ切れない。各自が最低でも予選タイムを上回って、その展開に持ち込もうというのである。

それはまさしく固い決意そのままの泳ぎだった。福井、岩崎はアメリカに次いで2位を守る快泳。そして第三泳者の庄司が飛び込んだ。

「50メートルでドイツに抜かれたけど、自分のペースを守りました。10メートル差をつけるには、１５０メートルのターンの後、５メートルラインで（オーストラリアと）すれ違えばいい。ちょっと詰められたけど、なんとかそれぐらいでいって、あとは必死でした」

アンカー岡部も期待にこたえた。「後半も変わらないピッチで泳いでいたから、これは逃げ切れるというのが見えました」と庄司は記憶をたどる。追撃を抑え、最後にメダルをもぎ取った感激のゴール。水泳関係者だけでなく、表彰式でメダルを運ぶ「ミス・メダル」たちも涙をこらえ切れなかった。

何より素晴らしかったのは、四人全員が自己ベストで泳いだことだ。重圧をはねのけ、震えの来そうな正念場で力を出し切ったのだ。水泳史に残る力泳と言っていいだろう。

「ああ終わった、責任を果たした。そんな感じでした。有頂天になるようなことはなかったですね」と庄司が語るのは、選手たちも悔しさをかみしめていたからだ。メダルを死守した喜びと、そのメダルひとつに終わった無念。日本水泳陣は複雑な思いで日の丸を見つめたのである。

File.40

## 小《お》野《の》 清《きよ》子《こ》（1936－）

1964年東京大会　体操

「母の強さ」でなし遂げた

「なんともいえない爽やかな気分」だったという。東京大会で史上唯一の銅メダルを団体で獲得した体操女子。メンバーの一人だった小野清子がこのうえない清々しさを感じていたのは、自分のやれることはすべてやり尽くしたという実感があったからだ。

その時二十八歳。同じく体操の名選手である夫・小野喬との間には三歳と一歳の子どもがいて、慶応大で一般体育を教える仕事も持っていた。ローマ大会で団体4位となった後、地元の秋田から地元開催の国体に出てほしいと頼まれて現役復帰。二年後の世界選手権では体操協会の頼みで再び復帰。そして東京でも欠かせない存在と頼られて三たび競技に戻ったのは、何より大事にしてきた信条ゆえだ。

「やってできなければ、それでいい。でも、やることをやらないでダメですとは言えない。やらないでダメというのでは思いが残る」

出産をして、幼子を抱えながらの競技復帰がどれだけ難しいかは言うまでもない。「腹筋がゼロになるから、最初は蹴上がりもできなくて、スイングしたらそのまま前に跳んでしまった」。母や周囲の手助けはあったものの、幼子連れの練習もしばしばだった。家事や仕事も手を抜かなかった。いくつ体があっても足りない奮闘の毎日。それでも「やれることはやり遂げたい」の信念は揺らがなかったというわけだ。

迎えた本番。4種目の規定と自由、計八回の演技で失敗は「全然なかった」。個人総合9位。飛び抜けた高得点はなくとも、ばらつきの少ない、安定した演技を一度も崩さなかったのだ。トータル勝負の団体で大事なのはその「安定」。さまざまな人生経験を積んで技も精神力も練り上げてきたベテランの力は、やはりチームに欠かせないものだったのである。

「その時はメダルの喜びというより、達成感が一番でしたね。やるだけやって、得るものも得られた。自分に対する、またチームに対する責任を果たせたという達成感です。冷静に『よし、よくやった』と、そんな気持ちでした」

現役引退後も、国会議員を務めるなどしてずっとスポーツ振興に力を尽くしてきた。二〇一六年十月にはオリンピックオーダー（功労章）を受章。八十路を迎えても溌剌とした物腰が変わらないのは、何についても「やれるだけやってみる」生き方のためだろう。

東京大会のチームではエース格の池田敬子にも子どもがいた。銅メダルはまさしく母の強さがもたらしたものだったのである。

# File. 41

## 花原《はなはら》 勉《つとむ》

(1940−)

1964年東京大会 レスリング

「怒髪天を衝いた」勝利

「緊張、あまりなかったですね。自分の実力を素直に出せたと思います。相手を怖いと感じることもなかった。私は勝てると思ってましたよ」

東京大会の思い出を明快に語るのは花原勉である。レスリング・グレコローマンのフライ級で金メダルを手にしたのは日体大助手だった二十四歳の時。既に世界を圧倒していたフリーに比べると、グレコの前評判はさほど高くなかったが、この若者は重圧のかかる地元開催で硬くもならずに実力を出し切り、当然のように金をもぎ取ってきたというわけだ。そして、怖いもの知らずの勢いをさらに加速させていたのは「八田イズム」だった。

「やはり八田先生との出会いですね。平常心を保つというのも八田式訓練に含まれてますから。いろんなことをやりました。それがちゃんと理にかなっているんです」

当時のレスリング協会会長、八田一朗。「ライオンとのにらめっこ」に代表される型破りな「八田イズム」で知られたが、強化策のひとつひとつには合理的な裏付けがあった。「負けた理由を探すな」の言葉が残っているように、どんな状況でも力を出し切れる心技体をつくり上げるのがその真骨頂だった。花原たち代表選手は、オリンピックの大舞台でも自分の技を出し尽くせる度胸を身につけていたのである。

強豪ぞろいのフライ級。一番の強敵は2回戦で当たったソ連のイスマイル・サヤドフ。しかし花原は臆せずに攻めまくった。試合途中、相手の頭がみぞおちに入って悶絶した時には、短く刈り込んだ髪の毛が逆立つのを確かに感じたという。「そうか、これが怒髪天を衝くというやつだ」と直感した花原は、ますます闘志を燃え立たせて強豪を圧倒し、その勢いのまま優勝まで突っ走った。もちろんどこかに重圧はひそんでいたに違いないが、それ以上の豪胆さ、奔放さが若い体と心にみなぎっていたのだろう。

決勝リーグを翌日に控えた夜、八田と花原はこんな会話をかわした。「勝ったら何がしたいか、言ってみろ」「会長、酒風呂というやつに入ってみたいですね」

翌日、首尾よく金を手にした花原に八田は言った。「おい、酒風呂に入るか、それともビール風呂か」「いや、僕は飲んだ方がいいです」

よく冷えたビールを若き金メダリストは一気に飲みほしたという。超前向きで陽気で豪放磊落。八田イズムの申し子たちはまさしく豪傑だった。

# File.42

## 中谷《なかたに》　雄英《たけひで》（1941－）

### 1964年東京大会　柔道

### 歴史に刻んだ「最初の金」

試合場に足を踏み入れた中谷雄英がまず感じたのは、煌々と輝く照明の明るさだった。東京オリンピックで初めて五輪競技となった柔道のために新設された日本武道館。十月二十日、千五百個の電球でまばゆく照らし出された会場で始まったのは幕開けの軽量級である。柔道ニッポンの一番手として出ていく高ぶりと緊張が、真っさらな会場をより明るく感じさせたのかもしれない。

だが、二十三歳の明大四年生はすぐに冷静さを取り戻した。「負けたら（郷里の）広島には帰れないかもしれない」の不安も消えた。「どんな形でもいい。勝てばいいんだ」。若武者はそう思いつつ次々と一本勝ちを重ねた。前日まで続けた猛練習。「稽古さえしとれば絶対や」の自信が体と心にみなぎっていた。

ソ連のオレグ・ステパノフとの準決勝が最大の難関だった。長身で手足の長い強豪。その年の冬、モスクワの大会で勝ってはいたが、難敵であるのは間違いない。中谷は「前へ前へとことん攻めていこう」と決意した。消極的になっては勝てないと腹をくくったのだ。

最初から積極果敢に前へ出た。小外刈りで技あり。相手の小外掛けでしりもちをついたが、「逃げちゃいけない」と攻め続けた。大外刈りで再び技ありを奪い、合わせ技一本。思い通りの試合運びで難敵を下した後は、もう余裕十分だった。決勝も合わせ技一本の快勝。かくしてオリンピックの柔道史に第一号の金メダリストとして中谷雄英の名が刻まれたのである。

「やっと自分の任務が終わった、役割を果たしたという気持ちだったですね。涙も出なかった。ああ終わった、負けないでよかった、と、そんな感じでした」

歓喜より安堵の方がずっと強かったのは、日本の代表として負けられない戦いに臨む重圧がそれほど大きかったからだろう。表彰式になって、郷里から大勢が応援に来てくれていたのに初めて気づいたという。冷静に戦ったとはいえ、頭の中は「果たさねばならない任務」でいっぱいだったのだ。じわりと喜びがわいたのは、式が終わり、観客も帰った会場で練習仲間が胴上げしてくれた時。ようやくそこで、たとえようもなく重かった肩の荷が下りたのだった。

現役を退いてからは西ドイツのコーチとして、また審判として二度の五輪に臨んだ。最初の金メダリストは、その後もさまざまな立場からオリンピックの柔道に貢献したのである。

File.43

# ―― 円谷《つぶらや》幸吉《こうきち》（1940–1968）とパートナー ――

1964年東京大会
マラソン

「四人で取った」銅メダル

東京オリンピック開幕を控えて、宮路道雄はひそかに確信を深めていた。

「マラソンでは日の丸だ、と。一番に来るかもしれないぞという感じもありました」

自衛隊体育学校の僚友、円谷幸吉のことだ。急成長で陸上・一万メートルとマラソンの代表となった二十四歳の円谷。三つ年上だった宮路は、南三男とともに練習パートナーを務めていた。常に行動をともにして、誰より近くで見守っていたからこそ感じるものがあった。

「（一緒に練習した）半年でまた伸びましたね。速いペースで引っ張っていても、いまにもすっと追い越されそうな感じがしてましたよ。試合でも積極的で、だいぶ力がついたなあと思いました」

ペースメーカーとして前を走っていると、背後の勢いが日一日と増してくるのがわかった。持ち前のスピードの持続と積極的な走りにますます磨きがかかってきたのを毎日のように実感していた。マラソンの日本勢では君原健二の方により期待がかかっていたが、最も身近にいた人物は、こちらの可能性をちゃんと見抜いていたというわけだ。

大会も大詰めに近づいた十月二十一日のマラソン。一万㍍の6位入賞で自信を深めていた円谷は、パートナーが予測した通りの走りを見せた。トップに立った王者アベベ・ビキラには離されたが、自分なりの速いペースを崩さず、守りにも入らず、最後まで積極果敢なレース運びを見せて表彰台に立ったのだ。銅メダルではあったが、これはいまも熱く語り継がれている。質朴実直な若者の純粋な情熱が、観衆にも、テレビを見ていた全国の人々にも鮮烈に伝わったからだろう。

「グラウンドに下りていって肩車してやりたかった。それまでの苦労が吹っ飛んだような気がしました」と宮路は振り返る。南とともに、長距離ランナーとしての将来をあきらめ、「円谷が日の丸を挙げるために」休みなしの過酷な役割を果たしてきた半年だった。コーチの畠野洋夫を含めた四人は、固い団結で結ばれたチームとして東京大会を戦ったのである。「円《えん》ちゃんがゴールした時、報われたと思った」のは、宮路もまたその瞬間に向けて、すべての力をそそいできたからに違いない。

レース後は取材に祝いにと大忙しだった円谷が宮路に会ったのは翌々日。ヒーローは姿勢を正して言ったという。

「このメダルは私一人で取ったんじゃありません。四人で取ったんです」

File. 44

# 早田《はやた》 卓次《たくじ》

（1940－）

1964年東京大会　体操

## ピンチを救った「覚悟」

東京大会で団体総合、個人総合ともに金メダルに輝き、王者の力を世界に見せつけた体操男子の日本チーム。だが種目別では、確実とみられた金メダルを危うく失いかける場面もあった。ピンチを救ったのは若い早田卓次である。

開会式当日に二十四歳の誕生日を迎えた。小野喬、遠藤幸雄ら前回のローマで団体総合を制した名選手がそろうチームで、団体出場の六人の中では最年少。国際経験も乏しく、代表に選ばれた時は緊張の連続だったという。だが若さは伸びしろも大きい。東京の本番では思う存分の演技で団体金に大いに貢献した。

そして迎えた種目別。もともと平行棒や鉄棒を得意としていた早田だが、この時はさらに、誰にも負けない種目を持ち合わせていた。周囲から「力技がすごい」と評価を受けて自信を深めたつり輪である。

「つり輪はバランスだ」と早田は考えていた。腕力だけでなく、全身のバランスが大事だと感じていたのだ。力技の中に秘められた、ちょっと違う感覚。それこそが周囲を感嘆させる技の極意だったと言ってもいい。

種目別のつり輪には日本選手が三人出場していた。大本命は個人総合優勝の遠藤。同2位の鶴見修治も有力だった。ところが、完璧な演技を見せていた遠藤は着地で失敗してしまう。鶴見も得点を伸ばせない。残るは知名度や経験で劣る早田。「金メダルは無理だ……」と関係者も観客もため息をついた。実際、早田本人もメダルは考えていなかったという。

しかし、思わぬ展開が心に火をつけた。

「こうなったら、二人のためにも日本のためにもやらなきゃいけない。絶対に（外国選手の）上にいってやるぞと闘志が燃えました」

重圧はなかった。種目別出場はこれだけ。「ワンチャンスに集中したい」という決意や、怖いもの知らずの若さもプラスに働いたようだ。世界の誰もやっていなかった上水平。美しい十字懸垂。着地でわずかに動いたが、文句なしの演技だったのは、優勝決定の瞬間に海外のライバルたちが駆け寄って祝福したことからもわかる。

ピンチを救った大殊勲。ただ、その時の気持ちはといえば「これで肩の荷が下りた」だった。王者として負けるわけにはいかないという強い思いがあった。「当時はアマチュアだけど、いま以上の覚悟を持って競技に取り組んでいた」と、その後もずっと体操界を牽引してきた金メダリストは振り返っている。

File.45

# バレーボール男子代表チーム

## 1964年東京大会　バレーボール

### 過渡期越え、万感の「銅」

東京大会もあと一日を残すだけとなった十月二十三日。この大会第十四日は、バレーボール女子で日本が金メダルを獲得した日として知られている。全国に「東洋の魔女」をたたえる声があふれた日だ。ただ、その数時間前には男子チームも価値あるメダルをつかんでいた。

一九五〇年代後半から六〇年代にかけて、日本のバレーは難しい時期に直面していた。日本独自の九人制から国際舞台の六人制への移行だ。「日本選手がオーバーハンドパスをすると、ほとんどドリブルをとられた」というように、日本のプレーは多くの点で世界標準と食い違っていた。その過渡期を必死に乗り越えて臨んだのが東京五輪である。

まして男子は世界の層が厚い。東京で女子が出場6チームだったのに対し、男子は10チーム。中でもソ連を筆頭とする共産圏の強さは脅威だった。試合が始まり、序盤で1勝2敗とつまずいた時には、これで男子のメダルは消えたと誰もが思ったに違いない。

ところが、ここからチームは勝ち続けた。九人制で培った高度な技は六人制でも強力な武器となっていた。リズムを取り戻せば、共産圏のパワーにも負けないコンビネーションが生きてくる。

最大のヤマ場となったのは3勝2敗で迎えたソ連戦。相手スパイクのコースを読んで拾いまくり、攻めてはサーブで崩して相手のミスを引き出した結果は3－1の逆転勝ちだった。「圧倒的に強いソ連に勝って、気持ちが非常に盛り上がった」と振り返るのは、主将でセッターの出町豊だ。勢いは加速し、チームはそのまま負けなしで突っ走った。そして最終日、オランダに勝って7勝2敗とした時、一度はあきらめた銅メダルが彼らの手に落ちたのだった。

「試合が終わった時、ベンチの監督と万感の思いを持ってうなずき合った」と、大黒柱としてチームを引っ張った出町は語る。短期間で世界に追いつき、移行期の橋渡しという困難な大役を果たし終えた思いが、「万感」の言葉に込められている。層の厚い男子にあって、これはメダルの色以上に価値ある結果だった。

翌日、連盟の祝勝会に男子は出なかった。女子に気をとられていた担当者が直前まで連絡を忘れていたのである。ことあるごとに女子の陰に隠れがちだったが、二大会後にはついに金メダルに輝いた日本男子。「あの時の悔しさが力となったに違いない」と出町はひそかに思っている。

File.46

# 小《お》野《の》喬《たかし》（1931－）

1964年東京大会　体操

## 土壇場で見せた底力

小野喬にとって、東京オリンピックは二つの出来事によって忘れがたい大会となっている。どちらも、この体操史に残る名選手だからこそのことだった。

ひとつは、開幕のほんのひと月ほど前に降ってわいた。開会式の選手宣誓の大役である。その時点で五輪に三回出場し、金メダル四つを獲得している大選手なのだから、宣誓者に選ばれるのは当然なのだが、それにしても開幕直前の知らせとなれば心が波立つ。「頭の中は宣誓文でいっぱい」になった。

「練習の合間、時間のある限り、それを頭に入れようと頑張りました。開会式でも、グラウンドを歩いて整列して、宣誓台に上がるまで心配だった。でも、手を挙げて、宣誓！　と言ったら集中しました」

本番は文句なしの出来栄えだった。数々の大舞台で培ってきた集中力がものを言ったのだ。ただ、そこで安堵してしまうわけにはいかなかった。大目標は体操男子団体の連覇である。

その時三十三歳。百戦錬磨のリーダーとしての重責を果たさねばならない。

ところが思いがけないアクシデントが起きた。全体4位の好成績で規定を終えた翌々日の自由演技。以前からの右肩の痛みがひどくなった。午前中の3種目はなんとかやり通したが、いったん選手村に帰ると、もう手を挙げることもできなかった。チームから一人欠ければ金メダルは遠のく。ハリ治療を受けて夜の3種目に備えたが、痛みはそのままで、練習さえできない。

だが、ここからが真骨頂だった。鉄棒で9・70の高得点。床運動もそつなくこなし、「本当に痛かった」最後のあん馬でも9・40と奮闘した。鉄棒とあん馬では他の選手に大きなミスが出ており、連覇も危ういところで穴を埋めたのである。演技するたびにハリを打ち、それでも痛みが消えない状況。ここでも並外れた集中力がチームを救ったのだった。

「精神力だけです。普通ならできない。やらなきゃならないとなると力が出るものですね。ちょっとした試合なら棄権だということになったでしょうが、オリンピックですから。やり通さなくちゃ、という気持ちでした」

王座は守られた。団体の連覇達成。それを支えたのは名手が土壇場で見せつけた底力だった。かくして小野喬は、選手宣誓の栄誉と、奇跡の奮闘による五つ目の金メダルを忘れがたい思い出として、四度にわたったオリンピック出場を締めくくったのである。

File. 47

# 土門《どもん》 正夫《まさお》 （1930－2017）

## 1964年東京大会　閉会式アナウンサー

### 「美しい姿」巧まず伝えた

　その時、土門正夫は国立競技場のNHK放送席にいた。十月二十四日夕、東京大会は締めくくりの閉会式を迎えていて、アナウンサーの土門はテレビの実況中継のマイクに向かっていたのである。

　土門は三十四歳と若かったが、前回のローマ大会にも派遣されていて、経験、実力ともに十分のスポーツアナだった。とはいえ、閉会式の担当はどんなベテランにとっても大役だ。本格的な中継放送が行われ、「テレビンピックの幕開け」といわれた東京。「閉会式の放送は絶対に成功させねばならない」の重圧が中継陣にはあった。土門も頭の中で中継の流れを入念に組み立てていた。

　しかし思わぬハプニングが隠れていた。当日、午後五時に始まり、各国旗手が入場してくるまでは予定通り。ところが、最後に日本の旗手が入ってきたところで、「こっちは飛び上がっちゃった」という出来事が起きた。各国選手が入れ乱れて、肩を組み、手をつなぎながら大はしゃぎで入ってきたのだ。整然と八列縦隊で入ってくる予定なのに、お祭り騒ぎのごちゃまぜの一団がいきなり現れたのである。放送席のモニター画面も突然そのシーンに切り替わった。

「その後は何をしゃべったんだか、わからない。選手が整列して入ってくるはずが、めちゃくちゃで、どうなってるんだか、いっさいわけがわからないんですから」

すべての競技を終えて笑顔いっぱいの選手たち。いったんはじけたお祭り気分はもう抑えられない。「並んで行進を」とのアナウンスもかき消された。国も民族もない真の友情の交歓が延々と続いた。こうして、後々まで語り継がれる感動のフィナーレが生まれたのである。

一方で実況アナは落胆していた。「自分が何を言ったか、まったく記憶がなかった」のだ。大失敗に終わったと思った土門は、肩を落として局に帰ったが、待っていたのは「よかったぞ」の賛辞だった。無我夢中の実況は巧まずして生の興奮を伝えていたのである。

土門自身には「自分が何をしゃべったか、わからない」放送には複雑な思いがあった。ただ、後になって聞いてみると、とっさに口にしていった簡潔なコメントが、映像とともにかえって効果的だったのがわかったという。たとえば、選手たちが笑い合い、肩を組み合う情景を表現したこの言葉は、いまも人々の心を打つだろう。

「このように美しい姿を見たことはありません」

コラム

Column

# 3

## 世界に「人間力」を見せつけた

日本選手が十六個もの金メダルを獲得して、全国に歓喜の渦を巻き起こした一九六四年の東京オリンピック。それはまた、個性あふれる独創的な指導法で日本のスポーツを育ててきた名コーチたちが、存分に腕をふるって新たな歴史をつくった舞台でもあった。中でも際立った成果を生み出してみせたのが八田一朗と大松博文である。

日本のレスリングの扉を開いた人物、それが八田一朗だ。パリオリンピックに米留学中の内藤克俊が出場してから七年が過ぎた一九三一（昭和六）年、八田が中心となって早大にレスリング部を誕生させたのが、日本におけるこの競技の実質的なスタートとなった。柔道部の猛者だった二十四歳の若者は、アメリカ遠征でレスリングに出合い、「その技術を導入すれば、日本の柔道をより進歩させ得る」と考えたのだと、自身がのちに著書で振り返っている。

当時の柔道界で、こうした動きは異端としか受け取られなかった。それが若き改革者の反骨精神をかえって燃え立たせたのだろう。八田は数少ない仲間とともに突っ走った。部創設の翌年にはもう大日本アマチュア・レスリング協会をつくって八田ら七選手のロサンゼルスオリンピック出場を果たした。その後も着々と歩みを進め、世界でも存在感を示すようになった日本のレスリング。発展の原動力はずばり八田一朗だったと言っていい。

戦後は日本協会会長の座についた。が、協会のトップにいても、常に強化や普及の現場で先頭に立っていた。一九五二年のヘルシンキ大会で日本がオリンピックに戻り、レスリングが次々と結果を出していったのは、まさしく八田の力によるものだ。ヘルシンキで初の金メダル。四年後のメルボルンでは金二つ。そして「八田イズム」が一気に大輪の花を咲かせたのが一九六四年の東京だった。

「負けた理由を探すな」「負けを審判のせいにするな」「夢の中でも勝て」「マスコミを味方にしろ」「左右の手をどちらでも使えるようにしろ」——といった言葉を覚えている人もいるだろう。最も有名になったのは「剃るぞ！」だろうか。それらの「八田イズム」とは、世界のレスリング強国にどうしたら追いつけるのかをひたすら追求してきた先駆者が、国際舞台で勝つために編み出した強化策の総まとめのことだ。

趣旨は明快だった。どんな状況でも一定の力を発揮できるだけの体力、技術、精神力をあらゆる方法で身につけるための教えである。それが「負けた理由を探すな」「左右どちらでも使えるように」などのわかりやすい言葉で表現されているというわけだ。さらに、規則正しい生活による体調管理を徹底させる一方で、わざと暑い合宿所で雑魚寝をさせ、真夜中に叩き起こして練習させたりもした。選手を動物園に連れていき、おりの前でライオンとにらめっこをさせたこともある。強くなるためのありとあらゆる方策を平易にまとめて、選手が常に意識しておくべき指針としたもの、それが「八田イズム」の内容だった。

古い根性論やスパルタ主義ではなかった。八田はそうした「竹ヤリ主義」を全否定し、科学の必要性を強調していた。「トイレでは本を読め」という「ベン学のすすめ」は、幅広い人間性をも重視した考え方を示している。

ツワモノぞろいだった選手が素直に従ったのは、「八田イズム」が「すべて理にかなっている」と感じていたからだ。たとえば「夢の中でも勝て」は、自分の力を信じるためのメンタルトレーニングであり、「マスコミを味方に」は、常に注目を集めて、それを追い風とするための方法だった。ミスをした選手に下の毛を剃らせた「剃るぞ！」には、シャワーを浴びるたびに剃りあとを見れば、繰り返し反省できるという狙いがあった。終生現場を離れなかったリーダーの教えに従っていれば、必ず勝てるはずだという確信が選手たちにあったからこそ、「八田イズム」は存分に生きたというわけだ。

東京で日本レスリング陣は五個の金メダルを獲得した。しかも、得意のフリースタイルだけでなく、不利とみられていたグレコローマンスタイルでも二階級を制した。メダリストたちは口々に「八田先生の教えがあったから」と語ったものだ。先駆者が生涯かけて練り上げた「勝つために何をすべきか」の考えは、まるで魔法のようにおそるべき力を世界に見せつけたのだった。

八田の考えはまた「勝てばいい」というだけではなかった。一九五四年に東京でフリースタイルの世界選手権が開かれた時、彼はこんなメッセージを発している。

「私たち全世界のスポーツマンが、互にガッチリと手に手をとり合ってオリンピア精神の伝統を声たからかに鼓吹しながら、謙虚なそしてフエアーな態度でともに堂々と進むならば、必ずや愛と親和に満ちたさんさんたる陽光が明日の世界を輝き照らすことを堅く信じて疑わぬものであります」

メッセージには真にスポーツを愛し、その力を信じる純粋な思いが満ちている。だからこそ、八田の教えは多くの選手の心に生きたのだろう。

もう一人、自国開催の東京を舞台に、その辣腕で日本を世界の頂点に押し上げた人物といえば、もちろんこの男だ。女子バレーボールを金メダルへと導いた名将・大松博文。「なせば成る」「おれについてこい」のキャッチフレーズは、半世紀以上がたったいまも多くの人々の記憶に残っている。

実業団の日紡貝塚監督に就任したのは一九五四年。国内主要タイトルを独占する強豪に育て上げると、教え子たちがそのまま主力となった日本代表チームを率いて一九六二年の世界選手権優勝をかち取り、勢いをさらに加速して二年後の東京へと突き進んだ。金メダルを決めたソ連（当時）との決勝戦で記録されたテレビ視聴率はなんと66・8パーセント。スポーツ中継史上最高の数字は、いまだに破られていない。「東洋の魔女」の勝利は、日本中にかつてない興奮と熱狂の渦を巻き起こしたのだ。そして、この快挙をもたらした最大の力こそ、独自の創意工夫と抜群の統率力を併せ持った監督の指導だったのである。

大松の狙いは明確だった。体格とパワーではるかに上回るライバルに勝つためのチームづくりだ。

「ひと口にいえば、比類のないチーム＝ワーク。六人が、ガッチリと精巧な歯車のようにかみ合い、強固で美しい〝一個の芸術品〟になる」

「どこと当たっても、臨機応変の処置ができ、コート上の動きのどんなことでも、どこより強いプレーができるようにする」

著書に書き残しているように、監督はコート上の六人がひとつの有機体のようになって戦うチームを目指した。ライバルのソ連は、個々が圧倒的な高さとパワーを持っている。小柄でパワーに欠ける日本チームがそれに打ち勝つには、まったく別の道を行くしかない。六人がすべての面で連携し、ひとつの意思のもとにまとまって動く究極のチームワークを大松は求めたのだった。

その理想が形になってきても監督は満足しなかった。いかなる場面でも力を出し切るには、選手全員が自信を持たねばならない。思いがけない状況に直面しても動揺しないでいられる絶対の自信である。

そこで監督は鬼になった。比類ないチームワークと、絶対の自信。それを二つながら実現するには、かつて誰もやったことのない猛練習を繰り返すしかない。チームの代名詞ともなった「回転レシーブ」を生み出したハードトレーニングは深夜、未明にも及び、選手を体力、精神力の限界まで追い込むこととなった。大松が「女性の敵」との批判を受けたのは、壮絶な練習にマスコミの注目が集まり、世の中に広く知られたからだ。

しかし監督の信念は揺らがなかった。選手も同様だった。彼女たちは、鬼に強いられて服従していたわけではなかった。

「先生は、おれについてこいと言ったけど、私たちも（ただ従うのではなく）自分で考えてついていった。先生が一生懸命だったから、私たちもこたえてついていったんです」

大黒柱としてチームを支えたキャプテン・河西昌枝の言葉だ。監督の叱咤に選手も意見をぶつけ、時には冗談で言い返した。「結婚するなら先生のような人がいい」と皆が言うほど、信頼の絆は太かった。「勝つためにはこうするしかない」「先生は選手のことを思ってくれている」——その確信が選手たちを猛練習に耐えさせたのである。

オリンピック直前、大松は選手に言い切ってみせた。

「練習にしても、おまえたちほど激しくやったチームは、世界のどこを捜してもないだろう。これは世界一だ。だから、どんなときでも、この練習時のプレーを試合で発揮することだ。そうすれば、オリンピックに必ず勝てる。おまえたちには、もう、調子が悪くて力が出せなかったなどというようなことは起こらない」

比類ないチームワークと絶対の自信。大松と選手たちは、ついに理想とする境地にたどり着いたのだ。オリンピックの決勝戦、日本はソ連を3セット連取の完勝で退けた。理想の高みへと到達したチームは無敵だった。この勝利はもはや必然だったと言っていい。独創と努力とを極限まで突き詰めてかち得た勝利は、「なせば成る」の精神を現実に示した稀有な例として、日本スポーツ史で長く輝き続けるだろう。

戦争が終わって、まだ間もないころ。海外の情報や科学的な知識は乏しかった時期だ。だが、何ごとにおいても、個々の人間の力がそのまま投影される時代だったかもしれない。その分、人と人とのつながりも濃密だったように思える。八田一朗と大松博文はそうした時代の象徴と言っていい。彼らの偉業は、まさしくその「人間力」によるものだった。

そしていま、彼らの教えを振り返ってみて気づくことがある。それらは色あせても古びてもいないのだ。一九六四が残したものは、半世紀を超えて二〇二〇にも相通じているのである。

# 第4章 過渡期

1968 メキシコシティー ～ 1976 モントリオール

コラム

Column

# 4 激動と向き合った時代

一九六〇年代半ばからの二十年ほどは、オリンピックがかつてない激動に見舞われた時期だった。まずは不安定な国際情勢や大国の政治的思惑が、紛争やテロ、さらにはボイコットなどの形をとって大会を直撃した。一方、差別の撲滅などを求める社会変革の動きも、その面前に鋭い問いを突きつけるようになった。スポーツの大会であり、平和と友好の祭典を標榜するオリンピックといえども、さまざまな時代の大波に正面から向き合わざるを得ない状況が生まれてきたのである。

もともと、オリンピックが政治的なせめぎ合いや国際間のいざこざと無縁でいられなかったのは、歴史を振り返れば明らかだ。戦前においても、一九三六年のベルリン大会がナチスの大宣伝に利用されたのはよく知られている。第二次大戦による長い空白をへて大会が復活してからも世界各地で紛争は後を絶たず、一九五六年のメルボルンでは、スエズ動乱とハンガリー動乱の影響を受けて六カ国が出場を取りやめた。新興国競技大会の参加をめぐってインドネシアと北朝鮮が選手団を引き揚げたのは一九六四年の東京である。そうしたきなくさい流れが一挙に表へと噴き出したのが一九六八年、すなわちメキシコ大会の年だった。

衝撃的なニュースが相次いで流れたのは大会開幕直前だった。まず八月、ソ連（当時）を中心とするワルシャワ条約機構軍がチェコスロバキア（同）に侵攻した。東西冷戦が長く続いていた時代。民主化による「プラハの春」を軍事力で押しつぶした暴挙は、間近に迫っていたオリンピックに暗い影を落とし、大会を目指して練習に励んでいた選手にも大きな影響を与えた。チェコスロバキアの選手たちが、弾圧を逃れ、必死の思いでメキシコに赴いた様子は「ベラ・チャスラフスカ」の項にある通りだ。民主化を支持する「二千語宣言」に署名していたチャスラフスカが、山奥に隠れながら「倒木を平均台に、木の枝を平行棒に見立てて」練習したというエピソードは、当時の切迫した空気を生々しく伝えている。

十月にはメキシコシティーで政府を批判する学生デモと軍・警察との衝突が起こり、数百人の学生が死亡するという悲劇となった。当時の新聞には「逃げ惑う市民へ銃弾」「団地に生々しい弾こん」などの見出しがある。オリンピック開幕の十日前に、その開催都市のただ中で勃発した事件は「大虐殺」とも呼ばれ、世界中に衝撃を走らせたが、大会は予定通りに開かれた。デモはオリンピックに反対する趣旨ではなかったが、華やかな開幕ムードに沸く街の一方で無残に流された血に、市民は複雑な思いを抱かずにはいられなかったろう。

オリンピック史上最悪の出来事が起きたのは、その四年後のことだ。一九七二年九月五日、ミュンヘン大会の選手村にアラブゲリラが侵入してイスラエル選手団を襲った事件は、かつてない衝撃ですべての関係者を打ちのめした。開催中のオリンピックがテロの標的となり、十一人もの選手団員が死亡するなどとは、およそ想像さえできないことだったのである。

思想や宗教による国際対立にまったく無縁でいられると考えるオプティミストは、当時であってもさすがにいなかったと思われる。ただ、いかなる問題についてであれ、オリンピックが直接の攻撃目標になるわけがないとは誰もが思っていたはずだ。当時の新聞の見出しに「五輪幻想は破れた」「〝神話〟は崩れた」などとあるのがそのことを示している。「オリンピックは特別なのだ」「平和の象徴だと世界が認めている」との思い込みは、まさしく幻想に過ぎなかったのである。幻想はその時、跡形もなく崩れ去り、関係者は初めて、自らの喉元にも刃が迫っていたことに気づいたのだった。

事件直後は、大会中止は避けられないと思われていた。「オリンピックそのものも、これで終わりになるかもしれない」という見方さえ出ていた。実際、ＩＯＣをはじめとする大会関係者や各国選手の間でも、続行か中止かで意見が分かれていたようだ。そうした中、ＩＯＣは緊急理事会を開き、日程を一日延長して大会を続行すると決定した。メーンスタジアムに八万人を集めて開かれた追悼式で、アベリー・ブランデージＩＯＣ会長は苦しげな表情を浮かべながら声を絞り出した。

「国際協力と親善の中核が、ひと握りのテロリストによって破壊されるのを許すわけにはいかない。大会は続行されるべきだ」

この大会限りで、二十年にわたる在任を終えることになっていた八十四歳の老会長は、最後の最後になんともむごい試練に直面しなければならなかったのである。IOCの立場からすれば、続行を決断するしかなかったろう。中止にすれば、また同様の事件を招き寄せることにもなりかねなかったからだ。事件のたびに大会を取りやめていれば、オリンピックそのものの存続も危うくなる。オリンピックの存在を守るためにも、会長は「テロに屈しない」と宣言しなければならなかった。

こうして大会は再開された。その後もオリンピックの歴史は途切れなかった。だが、あの時、誰もが気づいたのではないか。「古き良きオリンピックが消えた」ことを、だ。

以後の大会では警備が最重要の課題となった。開催都市は、膨大な費用をかけて、国を挙げての大がかりな警備態勢を敷かねばならないことになった。そうなると、選手と市民との触れ合いなどは望むべくもない。オリンピックは、厳重な警備網の向こうで、すなわち一般社会とは隔絶された特別な空間で行われるものになってしまったのだ。たとえオリンピックをより身近で親しみやすいものにしようと思っても、すべては警備の壁に阻まれる。一九七二年の秋、オリンピック精神はその一部を永遠に失ったのである。

続く一九七六年のモントリオール大会も、オリンピックの危機を招いた大会として知られている。オイルショックによる物資高騰の影響を受け、十億ドルもの巨額赤字を出してしまったのだ。モントリオール市民はその後ずっと、この負債を背負うことになる。この惨憺たる状況によって、オリンピック開催に手を挙げる都市はなくなった。四年前にはテロによって存続が危ぶまれたオリンピックが、今度は財政破綻で消滅危機に陥ったのである。この時、IOCメンバーは本気で「オリンピックが消えてなくなる日」が来るかもしれないと震えたのではないか。

さらに、未曾有《みぞう》の暗雲がオリンピックを覆うことになる。ソ連のアフガニスタン侵攻に抗議するアメリカなど西側諸国が、一九八〇年のモスクワ大会をボイコットし、その報復として、一九八四年のロサンゼルス大会ではソ連などの東側が参加を取りやめたのである。これもまたオリンピック消滅につながりかねない危機だった。ボイコット合戦はとりあえず二大会で終わったが、深い傷は残ったままになった。アメリカに同調してモスクワへの参加を取りやめた日本のスポーツ界に、いまもなお「あれでよかったのか」「政治に屈せず、参加すべきではなかったのか」という懐疑や悔恨が残っているのも、その傷の深さを物語っている。

ロサンゼルス大会は、ピーター・ユベロス組織委員会会長による民間資金導入が功を奏して大成功となり、これによってオリンピックは財政面での危機を脱した。オリンピック・ビジネスが確立され、以後、オリンピックは「カネの成る木」として急速な発展を続けていく。

消滅危機からの大逆転。ただ、この流れが、行き過ぎた商業主義となってさまざまな弊害を生んでいくこともつけ加えておかねばならない。

一方、オリンピックに社会変革の波が押し寄せてきたのもこの時代だ。アメリカで黒人の地位向上・差別撲滅を求める公民権運動の輪が大きく広がりつつあった一九六〇年代。「ブラックパワー・サリュート」の項にあるように、黒人アスリートたちは六八年のメキシコで行動に出た。処分を受けたトミー・スミスとジョン・カルロスだけでなく、陸上男子四百メートルや走り幅跳びで表彰台に上がった黒人選手たちも黒のベレー帽や黒靴下で賛同の意思を示してみせた。選手としてすぐれていても、いったん競技場を離れれば露骨な差別を受けねばならない身とすれば、批判覚悟のやむにやまれぬ行動だったに違いない。

「白人は我々を人間として扱わない。まるで馬のようにでも思っている。我々が成功すれば、よくやったと言ってピーナッツをくれるが、そう言いながらも我々の背にまたがり、我々をむち打つ。我々黒人も人間なのだ」

「黒人は団結すべきだ。我々はその団結を世界に示したいと思ったのだ」

スミスとカルロスはそんな言葉を残している。賛同の意を示した四百メートル優勝者のリー・エバンスも「この金メダルを世界の黒人に捧げる」と述べた。彼らも、原則を侵す過激な行動と非難されるのは覚悟のうえだったはずだ。それでもなお、世界に抗議の思いを伝えるために、この機会を逃すわけにはいかないと思ったのだろう。

ＩＯＣやアメリカ五輪委、各競技団体などから「オリンピックの場に政治を持ち込むのは許されない」と厳しい非難の声が相次いだのは、そうした行動をまるで予想していなかったからだと思われる。批判者たちが黒人差別の深刻さを知らなかったはずはない。差別撲滅をアピールする行動を、いわゆる「政治的な」主張と断じるのにはいささか無理がある。にもかかわらず、これを頭から否定しようとしたのは、スポーツ界に「オリンピックは特別で神聖なもの」という一方的な思い込みがまだ色濃く残っていて、その秩序を乱す者が出てくるなどとは思いもしなかったからではないか。あるいは、あの抗議行動が、差別だけではなく、オリンピックに関係する主要メンバーたちの特権意識をも否定しているように感じたからではないのか。

オリンピックをさまざまなアピールの場に利用するのが許されないのはもちろんのことだ。ただ、その背景を真摯に見つめようともせず、オリンピックの原則をたてに問答無用で切り捨てたのは、いささか視野の狭い対応だったと言わねばならない。「ブラックパワー・サリュート」は、当時のスポーツ界が残していた単純かつ古めかしい意識構造を浮き彫りにしたのである。

オリンピックといえども、すべてを超越した孤高の存在などではあり得ない。時々の時代と向き合い、社会とともに歩んでいくしかない。時には政治と真正面から向き合うことを余儀なくされもするし、社会変革の動きなどにも誠実に対応しなければならない。メキシコ大会からの二十年ほどは、そのことを嫌というほど思い知らされた時期だった。世界の中で、社会全体の中でオリンピックはどうあるべきかを、あらためて問われた時代だったとも言えるだろうか。

File. 48

# 加《か》藤《とう》 明《あきら》（1933－1982）

1968年メキシコシティー大会 バレーボール

## ペルーに希望を運んだ

メキシコシティー大会の女子バレーボールで注目を集めた名前のひとつが「アキラ・カトウ」だ。彼は、自らつくってわずか三年のチームを率いてオリンピックに臨み、4位に食い込んだのである。

加藤明が一流企業社員の座を捨ててバレーに生きようと決意したのは三十歳を過ぎたころ。全日本選手にもなり、母校・慶応大の監督としても成功をおさめて社業専念の時期を迎えた時、どうしてもバレー一本で勝負したいという思いを抑えられなかったのだ。ちょうど来ていた指導者派遣要請を受けてペルーに赴いたのは一九六五年のことだった。

「競技どころか、遊びとしてのバレーもゼロだった」という当時のペルーで、加藤は選手集めから始めた。地方の学校を回って素質のありそうな少女を探し、日本選手の使い古した靴やボールをもらって、一からチームをつくった。自主性を重んじる指導や、面倒見がよく、誰とでも親しくなれる人柄がラテンの国に合っていたのだろう。チームは急速に力をつけた。

ゼロからスタートして、たった三年でオリンピック出場を果たしたのは、まさしく監督の指導力あってこそだったに違いない。

前年の世界選手権は最下位。だが若いチームは日々成長した。八か国出場のメキシコで三勝を挙げ、ソ連、日本、ポーランドに次いで4位となったのは誰も予想しない結果だった。ペルーの首都リマに帰った時の熱狂的な歓迎を、加藤は「本当にすごかった。リマの市民がみんな出てきたかと思った」と振り返っている。発展途上の国にとって、それはスポーツの枠を超えた自信とも誇りともなったはずだ。

「加藤コーチは短期間にすばらしいチームを作り上げた……世界のトップクラスの力を持つ選手も生まれている」

日本女子を率いた山田重雄が報告書に書いた記述。銀メダル監督の目から見ても、それは新鮮な驚きだったというわけだ。

加藤はその後も繰り返しペルーで指導にあたった。合間には西ドイツやチリで教えたが、いつも帰っていくのはペルーだった。病を得てリマで死去したのは八二年。四十九歳での急死を、ペルーの新聞は一面の大見出しで悼んだ。

「TODO EL PERU LO LLORA」

ペルーのすべてが泣いている。ナショナルスタジアムで行われた告別式には六千人が訪れた。彼らは口々に「アキラはペルーのためにたくさんのことをしてくれた」と語ったという。

File. 49

# デットマール・クラマー(1925‐2015)

1968年メキシコシティー大会
サッカー

## 「ヤマトダマシイ」育てた

一九六八年十月二十四日、日本のオリンピック史に鮮烈な一章が加わった。メキシコシティー大会のサッカー3位決定戦で地元の強豪・メキシコを破って銅メダルを獲得したのは、いまも語り継がれる伝説となっている。そして、日本サッカーがかつてない栄光に向かって一歩を踏み出したのは六〇年十月二十九日だった。その日、デットマール・クラマーが日本にやって来たのである。

六〇年の五輪ではアジア予選さえ突破できなかった日本のサッカーが打った手は「外国人指導者」。西ドイツ(当時)から来たクラマーの教えはまさしく大改革だった。代表チームを基本から鍛え直して、世界を視程にとらえるまでに育てたのだ。

基本からというのは言葉の綾ではない。その教えはボールを蹴る、止めるというところから始まった。試合で勝つためにはどうすべきかを、文字通り一からやり直したのだ。日本はクラマーによって「本当の」サッカーを初めて知ったと言ってもいい。

「クラマーさんの教えがすべてだった」「クラさんがいたからこそ、あそこまでいけた」。ツワモノぞろいだった当時の代表選手の心服ぶりが、その存在の大きさを語っている。代表コーチは六四年の東京大会までだが、その後もチームの中核には常にクラマーイズムがあった。

集大成となったメキシコ。ナイジェリアに勝ち、ブラジルとスペインに引き分け、フランスに勝って準決勝へ。ハンガリーには敗れたが、3位決定戦では地元チームを2－0と圧倒した。「メヒコ、メヒコ」の大応援が最後に「ハポン、ハポン」と変わったのは、ひたむきな戦いぶりがそれほど印象的だったからだ。

力を出し尽くした選手たちが倒れ込むのを見て、クラマーが「ここにヤマトダマシイがある」と言ったのはよく知られている。しばしば口にした「ヤマトダマシイ」とは、チームの勝利のためにすべてをそそぐことを表していたのだろう。彼は大一番で自らの教えが生きたのを目のあたりにしたのである。

「長い間やってきて、選手があれほど力を出し切ったのを後にも先にも見たことがない。いまでも思い出すと目がうるむ。育ててきたものがついに実になったのを見て、ただ嬉しかった」

のちに来日した時、メキシコの思い出を尋ねた時の答えだ。二〇一五年秋、九十歳で死去するまで、名コーチはあの日の戦いを一日たりとも忘れなかったに違いない。

File. 50

# ベラ・チャスラフスカ（1942-2016）

1968年メキシコシティー大会
体操

## 全国民のために戦った

一九六八年十月、メキシコシティー大会に臨んだベラ・チャスラフスカは厳しい表情を崩さなかった。「これは私だけの戦いじゃない、全国民のために勝たなきゃいけないと思っていました」と彼女はのちに語っている。

二十二歳で出場した東京大会では天真爛漫に舞い、金メダル三つを獲得して五輪の名花とたたえられた。だが四年後のメキシコでは笑顔が消えていた。大会直前、ソ連を中心とするワルシャワ条約機構軍が祖国・チェコスロバキアに侵入して「プラハの春」を押しつぶしたのだ。民主化を支持する「二千語宣言」に署名していた彼女は山奥の隠れ家に逃れ、そのままオリンピックに向かった。胸にはひとつの決意が秘められていた。

「メキシコに全国の人から『頑張って』の手紙が送られてきました。オリンピックで勝てば、それは大きな精神的支えになるし、私たちにはそこから世界に何かを伝えるチャンスがあると思ったんです」

女王はライバルのソ連勢を圧倒した。ソ連の二人を2、3位に従えて個人総合優勝。種目別では跳馬、段違い平行棒、床運動で金。後々まで語り継がれるシーンが生まれたのは、ソ連選手と同点優勝になった床運動の表彰式でのことだ。

並んで掲揚された国旗のもと、両国国歌が相次いで流れる。ソ連の国歌の番。と、彼女はそっぽを向いて国旗から顔をそむけた。

「オリンピックでは政治的な行動は禁止されています。でも私は全世界に何かを伝えたかった。それであしたんです。みんな、すぐにわかってくれました」

直接的な行動に出れば、国民を励ますために獲得したメダルを剥奪されてしまう。しかし思いを伝えずにはいられない。どうしたらいいか。とっさに思いついたのがあの行動だった。「世界に…」の決意を、彼女はこうして実行に移したのだ。メディアは「サイレント・プロテスト」と大きく報じた。世界は彼女の必死のメッセージを確かに受け取ったのである。

帰国後は政府から弾圧を受け、一九八九年の民主化まで不遇の日々を過ごした。復権を果たし、大統領顧問やチェコ五輪委会長を務めた後には体調を崩してまたも苦難の時を過ごしたが、十数年の時をへて元気を取り戻し、五輪委やチェコ日本友好協会の活動を再開した。二〇一六年八月、七十四歳で死去。優美な物腰の裏に、常に鋼のような芯を秘めて生きた生涯だった。

File.51

# ブラックパワー・サリュート

1968年メキシコシティー大会
陸上・表彰式

## 賛否に揺れた「抗議の拳」

オリンピックは世の中を映す鏡だ。その時々の時代背景や世相を映し出し、場合によっては社会が抱える矛盾や疑問を否応なく指し示す場ともなる。一九六八年のメキシコシティー大会ですべての関係者の目前に突きつけられたのは、黒人差別という重い問題だった。

差別の撲滅と地位向上を求める運動がアメリカ全土で燃え盛っていた時代である。開幕前には、アパルトヘイト政策を続ける南アフリカの参加をめぐってアメリカの黒人アスリートが大会ボイコットに動いた。南ア排除で参加とはなったものの、選手の間では、オリンピックの場で世界に強くアピールしたいという思いがふくらんでいた。

大会第五日の十月十六日、陸上男子二百㍍の表彰式でそれは起きた。19秒8の世界新で優勝したトミー・スミスと3位に入ったジョン・カルロス。アメリカの二人の黒人選手が、表彰台で黒い手袋の拳を高々と突き上げたのだ。差別への抗議のパフォーマンス、ブラックパワー・サリュートである。

「私たちは黒人の団結を世界に示したのだ」「我々は黒人であることを誇りに思っている。アメリカの黒人たちはこれを理解してくれるだろう」

記者会見で二人はこもごも語った。スミスは右拳を挙げて黒人のパワーを、カルロスは左拳で連帯を、それぞれ示したのだという。競技場では最速のヒーローでも、一歩外へ出れば相変わらず差別が待っている現実が、彼らを思い切った行動へと走らせたのだった。

観客席からブーイングが起きたように、二人への風当たりは強かった。「オリンピックに政治を持ち込まないという大原則を侵した」と国際オリンピック委員会は激怒し、米国オリンピック委員会は代表資格停止の処分を行った。もちろん賛同もあったが、帰国した二人は激しい批判にさらされ、脅迫状も舞い込んだという。大会に参加していた各国関係者の間でも批判の方が目立ったようだ。黒人運動で暴力を否定しない強硬な主張が目立っていたころ。「過激」のイメージが二人の立場をより苦しくしたのだろう。

このため二人は長く不遇の時を過ごした。が、時代が移り変わるにつれ、彼らの行動を見る目も変わっていった。さまざまな見直しが行われ、あの抗議も正当な人権運動の一環として評価されるようになったのだ。いま出身校のサンノゼ州立大には、拳を高く突き上げた二人の銅像が建っている。

File. 52

# 田《た》口《ぐち》 信教《のぶたか》（1951－）

1972年ミュンヘン大会　水泳

## 工夫で磨いた頂点の泳ぎ

強くなるために何をすべきか。そのことを考え抜き、工夫し続けて自分を進化させていくのが競技者の醍醐味に違いない。一九七二年ミュンヘン大会の水泳男子・百㍍平泳ぎで田口信教が獲得した金メダルも、若きスイマーの「考え、工夫する」力の結晶だった。

「私って質問だらけの人間なんです。なんでこの練習やるのか、この練習はどういう効果があるのかと聞いてばかりいました」「やっぱりスポーツって、試行錯誤しながら、工夫しながらやってる時が一番面白いんですよ」

それが一貫した姿勢だった。愛媛県で生まれ、中学から広島で本格的に水泳に取り組んですぐに頭角を現したのも、その探求心があったからだ。中学の時には映像で海外選手の泳ぎに目をこらし、高校ではプールに大鏡を入れてフォームを改良した。十代で世界レベルへと駆け上る原動力となったのは、コンパクトに足を引きつけ、縦に強く蹴り下ろす独自のキックである。

高校二年で出場した六八年メキシコシティー大会では、表彰台の力を持ちながらキックの泳法違反をとられて失格。だが後ろは振り向かず、大学生になってフジタドルフィンクラブに所属すると、さらに幅広く泳ぎを変えていった。キックの改良はもちろん、筋力をつけて腕のかきを強化し、前傾姿勢のスタートを考案し、流体力学を参考にしたペース配分も身につけた。一気に心拍数を上げる練習やマインドコントロールの訓練も。「寝ないで泳いだり、断食みたいなこともやってみた」のは、役に立ちそうならなんでも試そうと思っていたからだ。

大学三年、二十一歳でミュンヘンを迎えた時には「(金を取るための)材料がそろった」のを確信していた。「金メダルを取りたいではなく、取れると」思っていた。準決勝で1分5秒1の世界新。決勝ではさらに0秒2縮める快勝。世界記録も、後半で勝負を決めたペース配分も狙い通りだったという。一七二センチの細身の体。が、すべてやり尽くしたという自信が大柄な欧米の強豪を圧倒したのである。

現役を退いてからは、会社勤めののち、鹿屋体育大学で長く研究と指導にあたった。教え子にはアテネ大会金の柴田亜衣も。学生にはいつもこう語ってきたという。

「(教えられるだけでなく)自分で自分の練習方法を見つめなさい。そうすれば改善点が見えてくる。考え方が変わってくる。それがスポーツの魅力なんだよ」

# File.53

## 竹田《たけだ》 恆和《つねかず》（1947－）

1972年ミュンヘン大会　馬術

### 人生変えた励まし

オリンピックとともにある人生で、竹田恆和が選手として最初に出場したのは一九七二年のミュンヘン大会である。そして、いまも鮮明なままの思い出が生まれたのは大会直前のことだ。

小学五年で始めた馬術でミュンヘンの障害飛越競技に出場したのは二十四歳の時。慶応大を卒業して代表選考に挑んだ社会人一年目は、会社勤めをしながら厩舎に泊まり込んで早朝と深夜に練習するという厳しい毎日を過ごした。そこまで情熱をそそいだミュンヘン出場だが、大会直前に思わぬ危機に直面する。最終調整で出たドイツの試合で左脚の骨にひびが入る大けがを負ったのだ。

どん底にたたき落とされた思いで戻った宿舎。すると大会主催者が訪ねてきて、「窓の外を見てください」。そこには三、四十人はいようかという楽団が並んでいた。その演奏で失意の選手を慰めようという配慮だったのである。

「涙が止まりませんでした。そのおかげで我に返りました。それで、ほんとに吹っ切れましたね。くよくよしてちゃいけない。あきらめちゃダメだ、と」

　選手村に入った時はまだ松葉づえ。が、ぎりぎり間に合った。成績は満足いくものではなかったが、あきらめずに絶望的な危機を乗り越えて出場を果たしたのである。あの感激で気持ちを切り替えたからこそと言っていいだろう。

「生涯忘れないでしょうね。愛情というものは人を勇気づけるというのを感じました。これからは自分もそういう気持ちで人に接しなきゃいけないと思いました」

　ミュンヘンの広いスタジアムで大観衆のどよめきを浴びたのも忘れがたい思い出となっている。ただ、あの出来事にはそれ以上のものがあった。「自分の人生を変えた経験のひとつ」という言葉に、いまでも色あせない感激がにじんでいる。

　次のモントリオール大会にも出場。集大成として目指したモスクワ大会は幻と消えたが、オリンピック人生はそのまま続いた。代表監督を引き受けてチームを率い、さらに日本馬術連盟や日本オリンピック委員会（ＪＯＣ）の役員となってずっとオリンピックとともに歩んできた。ＪＯＣ会長、国際オリンピック委員会（ＩＯＣ）委員として二〇二〇年東京大会の準備の先頭にも立ってきた。オリンピックを目指す後輩たちに贈る言葉はこうだ。

「最後まであきらめずに目標に向かっていってほしい。そして、応援してくれる人たちへのリスペクトや愛情、そういう気持ちも忘れないでほしい」

File.54

# 男子バレーボールチーム

## 窮地を救った「ひと言」

1972年ミュンヘン大会　バレーボール

一九七二年のミュンヘン大会で、バレーボールの日本男子が絶体絶命の窮地を迎えたのは準決勝のことだった。ブルガリアに2セットを奪われ、土俵際に追い詰められたのだ。が、そこから、長く語り継がれていく大逆転劇が幕を開ける。

六四年の東京で銅。次のメキシコシティーで銀。監督の松平康隆が八年かけて磨き上げたミュンヘンのチームは頂点だけを見据えていた。ソ連、東ドイツと並んで三強といわれた日本は、予選リーグ五試合をすべてストレートで制し、悲願の金メダルへと快調に歩を進めていた。

ただ、準決勝のブルガリア戦では苦戦を予感していたと松平は報告書に記している。案の定、日本を研究してきた強豪相手に先手を取られて受けに回る展開。「こんなはずじゃない」の不安が選手たちに広がり、「きょうはやばいぞ」の声も出ていたという。

そこで浮足立つチームを落ち着かせたのは、松平のこのひと言だった。

「お前たち、あと二時間このコートに立っていれば、必ず勝てるんだよ」

知将の単純明快な言葉。本来の力を出せば負けるはずはないのだから、あと3セットを二時間かけて取ればいいという意味だ。それが自信を呼び戻した。

「あれは効きました。後のない状況なのに声を荒らげて叱咤激励するのではなく、ほんとに落ち着いていましたから。すごく気持ちが落ち着きましたね」

中心選手の一人だった森田淳悟の回想である。再三リードされながらも粘って続く2セットを連取し、タイに。最終セットも3－9とピンチを迎えたが、相手が勝ちを急いだこともあり、大詰めで今度は日本がリズムを取り戻した。最後は15－12で決着。こうして三時間を超える激戦は大逆転で幕を閉じ、語り継がれる五輪伝説がまたひとつ生まれたのだった。

翌日の決勝戦。東ドイツ相手に最初のセットを失ったが、続く3セットを奪って金メダルは日本の手に落ちた。「みんなの得意技がどんどん出たのがうれしかった。本物の練習をしてきた証拠だからだ」と、監督は最終セットのプレーを評している。大型選手を増やし、独自の技を編み出し、八年かけて練り上げてきたチームの底力をまざまざと見せつけた快挙だった。

のちには日本バレーボール協会の会長となり、国際スポーツ界でも大きな存在感を示した松平だが、自らのバレー人生についてはこう言い切っていた。

「私にとって、ミュンヘンは人生のすべてです」

# File.55

## アベリー・ブランデージ（1887－1975）

1972年ミュンヘン大会
IOC会長

### 老会長の寂しき引き際

ミュンヘン大会の閉会式で、一人のアメリカ人が長くかかわってきたオリンピックの舞台を去った。「長く君臨してきた」と言った方がいいかもしれない。二十年にわたって国際オリンピック委員会（IOC）会長を務めたアベリー・ブランデージである。

十種競技などで一九一二年のストックホルム大会に出場したオリンピアンだ。建設業などのビジネスで成功をおさめる一方、全米アマチュア競技連合の役員からIOC委員となり、五二年に会長に就任した。アマチュアリズムの守護神といわれ、徹底して商業主義を排除したことで知られている。また、政治的な動きを嫌い、オリンピックの独立性を保とうともした。

だが…。七二年の札幌冬季大会で「動く広告塔」だとして金メダル候補の選手を追放した時も批判があったように、その考えはやや独善的で、手法も強引だった。人種差別政策を続けていた南アフリカやローデシアの追放を求める声に、「政治の介入は許さない」と反発したが、差別撲滅を求める国際世論の中ではさほど説得力がなく、結局は除外で押し切られた。メキシコシティー大会では、ブラックパワー問題をめぐって、選手村に「打倒ブランデージ」の垂れ幕が現れた。理想は高く掲げ続けたものの、古いエリート的価値観に固執して変化に目を向けようとしない姿勢が、時代の移り変わりにつれて現実との大きなズレを生んだのである。

ミュンヘン開幕に先立つＩＯＣ総会で別れの挨拶に臨んだ八十四歳の会長は、ここでも長年の持論を展開した。商業主義や政治がオリンピックを利用しようとする動きを厳しく批判。冬季大会はビジネスの舞台となっているとして、「もうやめるべきだ」とまで言い切ってみせた。が、もはやその一徹な主張に耳を傾ける関係者は少なかったようだ。

そして老会長の引き際をいっそう暗く寂しいものとした事件が起きた。アラブゲリラの選手村襲撃である。

この大事件でイスラエル選手団の十一人が犠牲になった。大会は続行されたものの、衝撃はあまりに大きかった。辛うじて「大会続行」を宣言したのが、会長としての最後の仕事だった。

評価相半ばする中で去ったアマチュアリズムの守護神。退任後すぐ、オリンピック憲章から「アマチュア」の言葉は消えた。ただ、すっかり様変わりしたいまのオリンピックを見ていて、あの古めかしい理想主義をふと懐かしく思い出す人々もいるに違いない。

File.56

# 生井《なまい》けい子《こ》（1951－）

1976年モントリオール大会
バスケットボール

## 「蜜蜂のように」速く鋭く

「飛び回った小さな蜜蜂たち」という表現が当時の記事にある。スピードに乗ってコートを駆けめぐる姿が浮かんでくるようだ。モントリオール大会・女子バスケットボールの日本代表はそんなチームだった。中心にいたのは身長一六二㌢の生井けい子だ。

モントリオールから五輪種目となった女子バスケット。日本はそのころ頂点の一角にいた。前年の世界選手権では銀メダル。高さとパワーの欧米勢に対して、日本代表は速さと運動量で勝負を挑んでいた。オールコートでプレスをかけ、そこから一気に速攻を仕掛ける。蜜蜂のように速く、勤勉に動き回って身長差をはね返していたのである。

その先頭に立っていたのが、日本代表でも一番小さい生井だった。絶対ともいえる身長差はあまり苦にしなかったという。「相手が大きければ抜きやすい。ゴール下はともかく、外でなら身長は関係ないと思う」と振り返るように、速く鋭い動きで自在に長身選手を翻弄し、得点を量産した。一九七五年の世界選手権では優勝チームを差し置いて最優秀選手に選ばれている。

六チーム出場のオリンピックではソ連の実力が抜けていたが、それ以外は横一線。初戦、強敵アメリカを向こうに回して、生井は力を存分に発揮した。後半、一時は逆転されながらも追いつき、終盤に突き放す快勝。「私、フリースローばかり打ってたような気がする」のは、ゴール下へのカットインで次々と相手の反則を誘ったからだ。反則でなければ止められないほど鋭い動きだったのだろう。この試合、生井は実に35得点を挙げてみせた。

続くカナダ戦も圧勝。が、3戦目のチェコスロバキアに敗れ、続くブルガリア戦も落とした。「いま思うと、疲労の蓄積があった」。メダル獲得へ必勝を期した初戦で力を振り絞った影響が、じわじわとスタミナや切れを奪っていたのである。ソ連戦にも敗れ、結果は5位。生井は計102得点で大会得点王になったが、「チャンスを逃した。自分としても尻すぼみだった」の悔いが残ったという。メダル獲得の歴史的快挙は彼女たちの手からするりと逃げたのだった。

女子選手が若くして現役をやめた時代。二十四歳だった生井もこの大会限りで引退して間もなく家庭に入り、他の選手たちもコートを去った。ただ、小さな蜜蜂たちの活躍は、「日本女子が世界の頂点に近づいた」記憶としていまも語り継がれている。

File. 57

# 五十嵐久人《いがらしひさと》（1951－）

1976年モントリオール大会　体操

## ただ一度の不思議体験

五十嵐久人がたった一度の不思議な体験をしたのは一九七六年七月十九日のことだ。モントリオール大会・体操男子団体の自由演技。最終種目の鉄棒でそれは起きた。

その時二十五歳。団体メンバーの補欠だったが、エースが虫垂炎で倒れ、五日前に急きょ出場が決まった。「頭が真っ白になった」のは、体操の場合、補欠の出場はまずないからだ。日本男子はオリンピックの団体五連覇がかかっていた。規定演技の最初の種目で9・00にとどまり、しかもその記憶がまったくないのは、極度の緊張の中にいたからだろう。

が、しだいに落ち着いた。国内の熾烈な競争を勝ち抜いて代表に加わった自信を取り戻したのである。順調に規定をこなし、一日おいた自由演技でもほぼノーミス。一方、チームはソ連にリードを許し、自由の終盤できわどく逆転するという大接戦を展開していた。

そして勝負の鉄棒。五十嵐の話はこうだ。

「鉄棒に跳びついている自分が、ああ、いるな、いるな、動いてるな、という感じで。動いている体と、それを客観的に見ている自分がいるという感じだったんです。車輪を一回回るごとに、観客席からタイミングをとるように『よーし、よーし』という声が聞こえてきました。感覚がすごく研ぎ澄まされていて、まさにここだというタイミングで（着地へ）手を離すことができましたね」

演技している自分を、少し離れたところから冷静に見ている別の自分。カナダの会場で聞こえるはずのない「よーし」の声。その声に導かれるように決めた着地。どれもがかつてない体験だった。世界初となる後方伸身二回宙返り下りを決めた結果は9・85の高得点。これに勢いを得て他の選手も続き、団体五連覇の偉業は成った。正念場で補欠選手はみごと役割を果たしたのである。

「計算も何もない。自然に体が動いた。なんでうまくいったか、分析しづらいですね。ただ、ネガティブにならず、攻めの気持ちがすごく強かったというのはありました」

不思議な体験は錯覚かもしれないが、本人はいまも「あの声」をありありと覚えている。そこまで集中していたからだろうか。これもまたオリンピックならではのことに違いない。

引退後は大学教授の道を歩んだ五十嵐。「補欠でも脇役でも、その役割に徹していれば、必ず輝く時が来る」とは、教育者として、指導者として教え子たちに語り聞かせてきたことだ。

# File.58

## 道《みち》永《なが》 宏《ひろし》（1956―）

1976年モントリオール大会　アーチェリー

### 魔物寄せつけぬ「若さ」

「勝てるとは思わなかった。でも負けるとも思わなかった」とは、一九七六年モントリオール大会のアーチェリーで日本初の銀メダルを獲得した道永宏が当時を振り返った言葉だ。いささかわかりにくい表現だが、それは周囲を驚かせた十九歳の快挙が、けっしてフロックでも番狂わせでもなかったことを示している。

世界選手権出場の経験を持つ父のもと、幼いころからアーチェリーに親しんでいたが、本格的に取り組んだのは高校から。ただ、経験は浅いながらも、当時の若手に共通する確信がこの同志社大学二年生を急成長させていた。「古いアーチェリーでは世界に通じない」の思いである。

頂点にいたアメリカ勢。そのパワーに負けないためには何が必要か。道永をはじめとする大学のトップ選手は強い弓を使うようになっていた。日本選手は40ポンド前後だったところを、50ポンド近い強弓を引き、合わせて矢も太くしていた。その方が風や雨にも強い。若者たちはためらいなく「世界に通じる」道を選んでいたのだ。五輪代表最終選考会、ベテランの陰に隠れていた道永が雨の中で逆転勝利を飾ったのは、実は当然の結果だったと言っていい。

そしてモントリオール。練習場で道永が強さを感じたのは、同い年ながら前年の世界選手権で圧勝していたアメリカのダレル・ペースだけだった。強い弓で豊富な練習をこなしているうちに、周囲の評価をはるかに超える世界トップレベルの実力が自然と身についていたというわけだ。その手ごたえがあったからこそ「ペースは強いが、他に負けそうな相手はいなかった」のである。

予測の通り、本番ではペースが抜け出し、道永らが追う展開となった。90㍍、70㍍、50㍍、30㍍の各36射を四日間で二度繰り返すダブルラウンドの長丁場。道永はさほどの波もなく、終始落ち着いて的に相対した。最終日こそ重圧に襲われたが、たまたま杭につまずいて転んだ拍子にすっと緊張が解けたという。表彰台を目の前にしても、若者はまったくひるまなかった。

「選手村は快適でしたし、体力あるからしんどいこともないし、好きな時に好きなものも食べられる。要は好きな弓さえ射《う》っとったらええんですから。そんな幸せはないですよね。まあ、そんな感覚でした」

雑念なく、大好きな弓に集中した四日間。怖いもの知らずの若さは、五輪の魔物とやらも寄せつけなかったのだった。

File.59

# 上村《うえむら》 春樹《はるき》（1951―）

1976年モントリオール大会　柔道

## パワーを封じた「受け」

「体が小さい、スピードがない、力がない、技も切れない」と上村春樹は振り返る。柔道選手としての若き日の自分である。が、一九七六年モントリオール大会で金メダルを獲得して、オリンピックの無差別級制覇という日本の悲願を最初に果たしたのは、その「ないない尽くし」だからこそだった。

一七四チセンの身長は、重量級では最も小柄な方だ。高校時代は無名で、明大に進んでも、最初の試合で締め落とされるという屈辱のスタートだった。徐々に力をつけ、学生のトップにはなったものの、外国勢には通用しないと思われていたという。

転機は旭化成入社だった。勤務地は宮崎県延岡市。柔道界の中心から遠く離れ、練習相手にも事欠く状況だったが、そんな環境がかえって柔軟な発想を生んだ。「小さくて力のない自分が勝つためにはどうしたらいいのか」を徹底的に考えたのである。

「自分の武器は小さいことと体の柔らかさだ。自分は（巨漢の）外国選手からしたら一番やりにくいはずだ」

「相手が動く時には必ず予備動作がある。それを見つけて、動き出す前に重心を移動させてやれば相手を止められる」

「柔道では前と後ろにしか投げない。ならば横へ崩す技をとり入れよう」

独自の発想は実を結んだ。社会人一年目に全日本選手権優勝。七五年には世界選手権で優勝。何より光ったのは「ザ・ガードマン」と呼ばれたほどの受けの強さだ。予備動作を見破ってしまえば、組んだ手首をちょっと返すだけでも、もう相手は攻められないのである。

悲願の優勝を託されたモントリオール。最大の難敵とは準決勝で当たった。一九〇㌢の大男で無双の大力を誇るソ連のショータ・チョチョシビリ。二十五歳だった上村は腰を引かずに真っすぐ立って組み合い、相手の動きを封じた。チョチョシビリが技をかけたのはたった一回。自在の受けで巨漢のパワーを消してしまったのだ。のちにこのライバルは「なんで技を出せなかったのか」と不思議がっていたという。

文句なしの優勢勝ち。そのまま金メダルは上村の手に落ちた。「投げるだけが技じゃない。止める技もある」のを最高の舞台で明快に示したのである。

「対戦相手を研究するより、まず自分を徹底して研究しなきゃいけない。いいところ、悪いところ、何が得意か、何をしたらいいのか。自分を知らずして競技することなかれ、です」

四十年以上も前の教訓。いまもそのまま通用する教えと言っていい。

# 第5章

# 激動の記憶

1980 モスクワ（日本不参加）〜 1984 ロサンゼルス

File.60

# 長《ちょう》 義和《よしかず》

（1953－）

1980年モスクワ大会（日本不参加）自転車

## 何の意味があったのか

「そんなことって、あるのか……」。あの時、頭をかけめぐったのはそんな思いだったと長義和は振り返る。なぜ、そうなるのか。なぜ、スポーツに関係ないところでそんなことが起きるのか。目の前でオリンピックの扉をぴしゃりと閉められた者たちは、誰もがそう思ったに違いない。一九八〇年のモスクワ大会に対する日本のボイコットは、選手たちにとってまさしく理不尽というしかない出来事だった。

二十六歳だった長は、自転車競技のスプリントレースで世界の頂点を争っていた。ミュンヘンから五輪に出場し、モントリオールで自転車初の6位入賞を果たした後も力を伸ばして、「次」のメダルはほぼ確実となっていた。モントリオールの後、いったん競輪入りを決意しながらも、競輪学校合格発表の前日に辞退を申し入れたのは、「自分は必ず世界チャンピオンになれる」「オリンピックはまったく違う世界だ」という二つの思いが強かったからだ。

そうして目指したモスクワ出場は、ソ連（当時）のアフガニスタン侵攻に抗議するアメリカや日本の大会ボイコットであっさりと消えてしまった。日本オリンピック委員会（ＪＯＣ）は独自派遣の道も探ったものの、最終的には政府の方針に従ったのである。選手にはどうすることもできなかった。

「スポーツは、自分が練習して、競技して、成績を挙げれば次へ進めるというシンプルな世界だ。なのに、なぜ関係のないところから出るなとか参加するなとか言われなければならないのか。そんなことはあり得ないはずじゃないか」

目標をいきなり奪われた憤りと無念。そこで長がすぐさま引退を決めたのは、スポーツとは無縁のところでものごとが決められた理不尽さへの絶望ゆえでもあったろう。

その後は勤務していた会社で自転車部品の開発に腕をふるい、ＪＯＣの専任コーチも務めたが、四十代半ばからはまったく違う仕事を始めた。和歌山県田辺市にパンの店を開いたのである。以来、パンづくり一筋だった。元オリンピアンがつくるパンは高い評価を受けた。悲運にも遭ったが、その一方では実に幅広い人生を切り開いてきたというわけだ。そして彼はいま、この問いを投げかけてみせる。

「あのボイコットには何の意味があったのか。いまとなってみれば、何の意味もなかったのではないですか」

淡々とした表情。静かな声音。が、その問いかけは重く、鋭い。

# File.61

## 津《つ》田《だ》 眞《まさ》男《お》（1952－）

1980年モスクワ大会（日本不参加） ボート

### 「怒り」切り離して生きた

津田眞男がそれを思い立ったのは一九七五年一月十七日だった。二十二歳の大学生だった若者はその日、「オリンピックに出て金メダルを取ろう」と決意したのである。

ここからボート競技に取り組んだ。高校ではサッカーに打ち込んだが、ボートの経験はなし。オリンピックを目指すについて、自分に可能性があるのは何かを考えた末に浮かんだのがボートだったのだ。

日本漕艇協会に行って、どうしたらいいのかを聞くことから始めた。つまりは文字通りゼロからの挑戦。が、それは急ピッチで進んだ。努力をいとわない強い意志と、見たものをすぐ動作に移せる運動能力とが、まったくの初心者を一気にトップクラスへと押し上げたのである。

オリンピックを目指したのは、有数の進学校で学びながら受験で二浪し、入った大学での勉強にも身が入らない状況を変えて自信を取り戻したかったから。そしてもうひとつ、「自分にとってやりがいのある、価値のあることを探したい」の思いゆえだ。八〇年モスクワ大会のシングルスカル代表を手中にして、壮大な挑戦はほとんど実りかける。なのに、あのボイコットがすべてを消し去ったのだった。

「持っていき場のない、どうしようもない怒りがあった。自分の中にふたをした。でも忘れることはできない。刷り込まれた」

当時の心のうちを語った言葉。怒りの深さは、五年間の努力の重さにそのまま比例していたに違いない。

あれから四十年ほど。悲運に泣いた若者は六十代半ばとなり、柔らかな声音で語る。

「怒りは変わらないですけど、それはもう切り離すようにしました。それより自分のやるべきことに精力を傾けた方がいいと思いましたから」

モスクワの後は大手企業で最先端技術の仕事に携わり、定年まで勤め上げた。家庭を持って四人の子どもも育てた。「二度とやらない」つもりだったボートも再開し、四十代では国体にも出場した。ゼロからの五輪出場という奇跡をなし遂げようとしながら、目の前でそれを奪われた苦い記憶は、さまざまな人生経験に包まれる中で、それなりによき思い出のひとつへと昇華しつつあるようだ。

商業主義一色となった現在の五輪に興味はない。「何かをきわめてみたい」の思いは変わらず、いまもふと思いついた独自の研究を進めているという。穏やかなまなざしの奥できらめいているのは、あのころと同じ一途な情熱である。

File.62

# 瀬古《せこ》 利彦《としひこ》（1956－）

1980年モスクワ大会（日本不参加）マラソン

## 目の前で消えた「金」

スポーツに仮定の話は禁物とされる。が、この選手については「もし」と思わずにはいられない。もしモスクワのボイコットがなければ、瀬古利彦がマラソンの金メダルを手にしていたのは確実と思われるからだ。

モスクワの時は社会人一年目の二十四歳。既に五大会を走って二回の優勝を飾り、さらに急上昇を続けていた。そのころから「2時間5分台を出すための」練習を始めていたというのが、「金メダル確実」の何よりの根拠だ。実際に5分台が出るのは一九九九年。その二十年も前に、もうそれだけレベルの高い練習を積んでいたのである。

モスクワのレースはテレビ局のゲストとして映像を見た。優勝タイム、気象条件、レース展開。すべてを考えたうえで、「これなら間違いなく勝っていた」と心のうちで思ったという。

それでも悔しさはなかった。上昇一途の若さがあった。一万㍍で日本記録を出し、その年の福岡、翌年のボストンを圧勝。恩師の中村清に「全部達成すればオリンピックを勝ったのと同じだ」と言われていた三つの目標をなし遂げた。「モスクワに出ていれば優勝だった」と再び確信したのはその時だ。

しかし…。八〇年代最強の評価がありながら、オリンピックのメダルはその手をすり抜けてばかりいた。二回の出場を果たしたが、八四年のロサンゼルスは直前に体調を崩して14位。八八年のソウルは足のけがの影響で9位。国内外のビッグレースでロスの前は五連勝、ソウルの前には四連勝を飾っていたのに、オリンピックとなると魔物が現れて行く手を遮ったのである。

「次があると思っちゃいけない。チャンスは一回しかないんです。だから、だんだん悔しさが出てきました」

「(オリンピックごとに)ボタンの掛け違えがありました。オリンピックで勝ったりメダルを取ったりすれば、一回休んでリセットもできる。それができなかったのも大きかったですね」

だが、苦い記憶はあっても、競技人生全体を振り返ってみれば悔いはひとつもないという。マラソン十五戦十勝。最強の記憶はいまもファンの心に残っている。

「オリンピックの前は負け知らずで、オリンピックだけダメだったんですね。でも、僕みたいな人生があってもいいのかなと思います」

いまは日本陸連で二〇二〇年を目指す強化の先頭に立っている。「自分の成功も失敗もすべて伝えていく」つもりだ。

File. 63

# 室伏《むろふし》 重信《しげのぶ》（1945－）

1984年ロサンゼルス大会 陸上

## 純粋な向上心 貫いた

自分の力をどこまでも伸ばしたい。自分だけの技をとことん磨きたい。誰もが抱いてはいるが、なかなか実現には至らない競技者の夢。陸上男子のハンマー投げに歴史をつくった室伏重信は、その純粋きわまりない思いをずっと貫き通した男だ。

高校でハンマー投げを始め、日大に進んでトップクラスの力を蓄えたが、大学後半から長いスランプに陥った。いくら体を鍛えても、筋力をつけても記録は出ない。そこで気づいたのが始まりである。

「それまでは猛練習で強くなれると思っていました。でも、練習量や体力では上なのに先輩たちに勝てない。そこで『動き』を考えるようになったんです」

高速で回転しながらハンマーを投げる。なんとも難しい動作だ。力任せではいけない。ハンマーにしっかり力を伝える動きこそが大事なのである。以来、そのことをひたすら考え、試していく日々が始まった。自分や先輩の映像を撮り、ひとつひとつの動作に目をこらした。

一本投げては課題を確認した。すると、記録が伸び始めたのだった。

　よりよい投げを目指し続けるうち、それは慣性や作用反作用といった普遍的な法則へとつながるのもわかった。アジアで初めて70㍍を超えてから、記録が伸びない時期が続いたが、それでも立ち止まらなかったのは「難しいけど、考えるのがどんどん面白くなっていった」からだ。

　一九七二年ミュンヘンから八四年ロサンゼルスまで四大会連続でオリンピック代表となり、三大会に出場した。しかしそれに満足せず、理想を追いかけ続けた。ロス大会直前に出した75㍍96のベスト記録は「少ないエネルギーでも大きな力を生み出す」動きがひとつの高みへと到達した結果だ。三十八歳での記録樹立は、力に頼らず、ひたすら動きの質を追求してきた方向性の正しさを明快に示していた。

「そのころから、まったく別格の動きができるようになりました。探し求めてきたものが見つかったのは快感でしたね」

　四十歳まで続いた競技生活。ロス大会ではひざの不調もあって思うような投てきができなかったものの、最後には「別格」まで到達できた。純粋な思いを貫いた稀有な競技者としては、それが何よりの喜びだったに違いない。

　つくり上げた技は息子の広治に伝えた。その広治は二〇〇四年アテネ大会でオリンピック金メダルに輝いた。父子でつかんだ快挙。培い、磨き抜いた技は、さらに次の世代へと伝えられていくはずだ。

File. 64

# 富山《とみやま》 英明《ひであき》（1957－）

## 1984年ロサンゼルス大会　レスリング

## すべてを出し尽くした日

一九八四年八月十二日の朝、富山英明がまず思ったのはこのことだ。

「ああ、もう走らなくていいんだ。すべて終わったんだ」

ロサンゼルス大会のレスリング・フリースタイル57キロ級で金メダルを手にした翌朝。心を満たしていたのは、すべての力を出し尽くした爽快さだった。

その四年前には「しばらくマットなんか見たくない」と思っていた。言うまでもなくモスクワ大会のボイコットのためだ。日々ぎりぎりの練習を続けていた選手にとって、目標が突如消え失せた衝撃はそれほど重かったのである。

日大の三年、四年で世界選手権を連覇した。モスクワは社会人一年目の年。若くしてトップに駆け上がったのは、そこにひとつの覚悟があったからだ。「自分は天才じゃない。人の何倍も練習しなきゃいけない。体は長くもたないだろう」。そこで、短期決戦で一気に頂点をきわめて、モスクワで現役を終えようと決意を固めていたのだった。

そのゴールがいきなり消えた。母校の教員となってからは仕事と練習を両立させねばならなくなり、無理をして首を痛めもした。数カ月にわたった「マットも見たくない」時期。八二年のアジア大会優勝で、ようやく八四年のロサンゼルス大会を見据える気持ちになったという。モスクワが消えて「ものすごく遠く感じていた」オリンピックが、やっとのことで目の前に戻ってきたのである。

そこからはさらに覚悟を研ぎ澄ました。人の何倍もやる。どんなことでも勝負には絶対に勝つ。その二つを自らに課したのである。日本代表合宿恒例の山登り競争で常にぶっちぎりの1位だったのも、その決意があったからだ。

「やるべきことを百二十パーセントやって一日を終わる。毎日、新鮮な気持ちで朝を迎えて、やることはやったという充実感を感じて寝る。それだけは守り通しましたよ」

二十六歳で迎えたロスの本番。地元アメリカの強豪と対決した決勝の戦いは会場を揺るがすような「USA」コールに包まれたが、ひるまず攻め続けて圧倒した。「(ポイントを)取られたって怖くない。こっちは火の玉になってたから」の言葉で、何があろうがすべて出し尽くすのだと思いきわめていた決意の固さがよくわかる。

東側のいない大会。最大のライバルだったソ連の選手も不在だったが、それにこだわる気はなかった。自分に課したことをやり尽くすのみ。それだけを思って過ごした四年間だった。

## File.65

# 森末《もりすえ》 慎二《しんじ》

（1957－）

1984年ロサンゼルス大会　体操

## 生涯ただ一度の「完璧」

森末慎二が電光掲示板に「10・00」を三たび点灯させたのは一九八四年夏のことだ。ロサンゼルス大会・体操男子種目別の鉄棒は、団体規定、自由、種目別の各演技がすべて10点満点という、男子では史上初のパーフェクト優勝で決まった。かくしてモリスエの名は「満点の男」として多くの記憶に刻まれることとなる。

二十七歳で迎えたロス。鉄棒は得意種目だったが、金メダルを狙っていたわけではない。前年の世界選手権でトップに立ちながら、最後の種目別の演技で手をついてメダルを逃している。ずっと頭にあったのは、その時に「もっと練習しておけばよかった」と思ってしまったことだ。

人一倍の上がり症。オリンピックの重圧に打ち勝つにはどうするかと考えた末に決めた。合宿で鉄棒の演技をする時に補助はつけない。補助マットも敷かない。けがのリスクを承知で、試合と同じようにやろうと思ったのである。コーチも不安を隠せなかったが、本人はそれを貫き通した。

「だから、離れ業をやっても、落ちるかもしれないという感覚なんてない。できて当たり前。中身で失敗するなんて、これっぽっちも思ったこと、ありませんでした」

どんな状況でも体を自由に調節できる。あとは着地に心を配りさえすればいい。極限まで練り上げて臨んだ本番の鉄棒だった。それだけの自信があればフィニッシュも余裕を持って臨める。三回の着地は、いずれもぴたりと決まって微動だにしなかった。この大会では10点満点が頻繁に出て、採点が甘いともいわれたが、この「10・00」には誰もが納得したに違いない。

「離れ技も全部、一番いいところに入りました。無駄な動きはなかった。あの演技は最初で最後かな。後にも先にもあんなに完璧なものはありませんでした」

団体自由の演技のことだ。三つの満点の中でもそれが一番だったという。大一番で最高の演技を決めたのである。「金メダルを取った次の日に、体操はもうやめようと思った」のも無理はない。

結局、あと一年やって引退し、芸能活動を始めた。それからのテレビでの活躍は誰もが知る通りだ。極限まで磨いた技で満点を得てしまえば、後はもう「まったく違うことをやりたくなった」のである。

鉄棒は小学生の時から大好きだった。空中高く浮く感覚がたまらなかったのだ。誰よりも高く跳びたい。そのまま、彼は表彰台の一番上まで跳んだというわけだった。

# 第6章 パラリンピック

## 1964 東京 〜 2016 リオデジャネイロ

※本章の記述は2019年4月現在のデータにもとづいています

コラム 5

# そこにしかない輝き

あれは二〇〇〇年代半ばのことだったろうか。いまではもう、取材メモを探し出さないと正確な日時はわからない。が、その光景は鮮明に覚えている。一生忘れることはないだろう。大阪で開かれていた障害者水泳大会だった。目的の取材を終えて、もう帰ろうかと思っていた時、何気なく眺めていたプールから目が離せなくなった。そのまま、しばらくは身じろぎもせず、息をつめて水面を見つめていたという記憶がある。

女子五十メートル背泳ぎ。出場者は四人。障害の部位はまちまちだが、その程度はかなり重いクラスだった。二十五メートルプールを往復するレースだ。

スタートすると、三人はゆっくりながらも着実なペースで進んでいった。それでもゴールまでにはかなり時間がかかる。引き揚げようと出口へ向かった足がぴたりと止まったのは、ふと一番端のレーンに目をやった時だ。

こちらからは一番遠い1レーン。その選手はまったく進んでいないように見えた。手も足もかなり不自由で、大きく動かすことはできない。ただ、手足の先だけを細かく、震わせるように動かしている。そうやって、数センチ、また数センチと前へ進んでいたのである。

見ているのがつらかった。ゴールするのに、いったいどれだけの時間がかかるのか。いや、これではゴールまでたどり着けそうにない。大会役員はなぜ止めないのだろう。だが、しばらくするうちにそんな気持ちは跡形もなく消え、すべてを見届けたいという思いがわき上がってきた。その選手から、必ずやり遂げずにはおかないという強い意志が波動のように伝わってきたからだ。

1位のゴールタイムは1分半ほど。続く二選手も3分以内でゴールした。その時点で1レーンの選手は十メートルも進んでいない。しかし彼女は動きを止めなかった。数センチ刻みの前進が続いた。やっとのことで二十五メートルの折り返し。なんとかターンすると、そこからまたわずかな前進をちょっとずつ積み重ねていく。会場の空気が熱くなってきたのはそのあたりからだ。

障害者スポーツ大会で観客席が埋まることはほとんどない。その時も、スタンドにいたのは出場者たちの家族と関係者だけのように見えた。が、その視線は1レーンに集まって離れなかった。そこには彼女を後押ししようとする熱い思いがこもっていた。それが会場の空気を変えたのである。

「もうちょいや、あと少しやでっ！」「そうだ、頑張れ、もうすぐだ！」

静まり返ったプールに励ましの声が飛ぶ。それを力にしたのだろうか。彼女の細かな動きが激しくなった。あと3メートル、あと2メートル。懸命のラストスパート。

ゴールタイムは21分44秒58だった。長い長い、だが本人にしてみればあっという間に過ぎた時間かもしれなかった。係員に抱きかかえられて水から上がり、車いすに乗り移ると、彼女の顔に笑みが広がった。遠いスタンドからも、はじけるような笑顔がはっきりと見えた。

大奮闘の興奮が少し落ち着いたあたりを見はからって控え室に1レーンの選手を訪ねた。二十代後半という彼女は、両親と一緒にくつろいでいた。直前の風邪で調子はよくなかったという。だが、「きょうの泳ぎには満足している？」と聞くと、大きく、力強くうなずいた。やり遂げた喜びと、力を出し尽くした誇りとが、その全身からあふれ出しているようだった。

息をつめてただ一人のスイマーを見つめた22分間は、こうして、けっして忘れることのない思い出となったのである。取材者として何度も夏冬のオリンピックを現地で見てきたが、あの時の感激は五輪の名勝負のそれをも上回っていたように思う。いまでも、記憶を呼び起こすたびに目頭が熱くなるのを抑えられない。

なぜ、あのことがそれほど印象深く残ったのだろうか。ほとんど誰にも知られないまま開かれていた障害者大会のひとこまが、それもけっしてレベルが高いとはいえない競技が、なぜ、これほどに心を震わせたのだろうか。

「重い身体障害があるのに、よく頑張っている」などという単純な感傷によるものではないと思う。そんなことでは、特別な記憶となっていつまでも残るはずはない。それはやはり、あの1レーンの選手から、自分の持っている可能性をどこまでも追い求めたいという情熱が鮮烈に伝わってきたからだろう。障害という制約があっても、自らに可能性があるなら、それをすべて生かし切ってみたいという思いが、まばゆいほどの輝きを放っていたからだろう。

あらゆる可能性を追求したい。自らが秘めた可能性を使い尽くしてみたい。その思いのありったけを競技にそそぐ。それこそが障害者スポーツの真髄である。

もちろん、そのことはすべての競技に共通している。ただ、障害者スポーツの場合は、大きな身体的ハンディとともにあるため、可能性を追い求める情熱がよりいっそう、くっきりと見える。場合によっては、思わずたじろぐほどの率直さをもって伝わってくる。だからこそ障害者の競技は人々を惹きつけ、時として健常者の競技をもしのぐ感動をもたらすのだ。

パラリンピックは障害者スポーツの頂点にあって、その精神を象徴する大会となっている。近年は健常者の大会と肩を並べて、世界有数の競技会のひとつとして見られるまでになってきているが、根底を流れるものは変わらないはずだ。たとえ身体的な制約があろうとも、それを超えて自らの可能性を追い求め、世界の仲間とともに力を出し尽くし合う――それがパラリンピックである。四年に一度の晴れ舞台は、その精神を競技の形をとって世界中へと広く発信する舞台とも言えるだろう。

一九四八年七月二十九日、英国ロンドン郊外にあるストークマンデビル病院の一角でひっそりと開かれた競技会がパラリンピックのルーツだ。十六人の車いす選手が参加してアーチェリー競技を行った大会は、同病院の脊髄損傷センターの長を務めていた神経外科医、ルードウィヒ・グットマン博士が企画して開いた。この第一回ストークマンデビル競技大会が原点となり、のちのパラリンピックへと育っていくのである。

ドイツ生まれのユダヤ人であるグットマン博士は、ナチスの台頭で英国に逃れ、ストークマンデビル病院に迎えられて、第二次大戦で負傷した脊髄損傷患者の治療にあたっていた。その中で、リハビリや機能回復にスポーツがきわめて有効であるのを知った博士は、パンチボール、ロープクライミング、車いすポロ、車いすバスケットボール、アーチェリー、卓球、水泳などを治療やリハビリ訓練に積極的に取り入れていった。これによって、患者の八十五パーセントが六カ月以内に社会復帰を果たすようになる。そこで、自信を深めたグットマン博士が思い立ったのが競技会の開催だったというわけだ。

わずか十六人で始まった、病院内のささやかな競技会。だが、治療やリハビリにおける確かな効果を熟知していた博士は、障害者スポーツが盛んになっていく未来を見通していたのではないか。第一回大会を、戦争による空白をへて十二年ぶりに開かれたロンドンオリンピックの開会式と同じ日に開いたのは、発展を確信していたからに違いない。著書にはこうある。

「この競技は、オリンピックがロンドンで開かれる同じ日に開催された。小規模ではあったが、その大会は競技スポーツが健常者の特権ではなく、脊髄性麻痺患者のような重度障害者でも、その気になれば、スポーツができるということを世間に示した」

ストークマンデビル大会は、参加者と競技種目を少しずつ増やしていき、他の国からも選手を迎えるようになっていく。着実な歩みの中で、グットマン博士は確かな手ごたえを感じていたようだ。のちに博士は著書で振り返っている。

「1949年の表彰式において、著者はその年の大会の成功に感動して、将来を思いながら次のように述べた。『ストーク・マンデビル競技大会が真に国際的となり、身体障害者にとってオリンピックゲームと同じように世界的に有名な大会になる時がくるだろう』」

先駆者はまさしく将来を予見していた。博士の考えは世界に広まっていき、欧米各国で障害者スポーツ振興の気運が高まっていく。日本での取り組みは「中村裕」「初の選手たち」などの項にある通りだ。

ストークマンデビル大会は本格的な国際競技会となり、一九六〇年には初めて英国外で開かれた。このローマ大会は、オリンピックの直後に同じ都市で開催されたもので、国際パラリンピック委員会（IPC）が設立されたのち、第一回パラリンピック大会と認定されている。第二回が四年後の東京大会だ。

その後も力強い前進が続いた。最初は脊髄損傷だけだったところに切断や視覚障害、脳性マヒなども加わり、すべての障害者のための大会となった。一九八九年のＩＰＣ設立をへて、パラリンピックが正式名称となり、冬季大会の開催も実現した。さらにＩＯＣとの協力も進み、オリンピック開催都市で引き続き行われる形が確立された。先駆者の壮大な夢は、しだいに現実のものとなっていったのである。二〇一六年のリオデジャネイロ夏季大会は、百五十九カ国・地域と難民選手団の四千三百人余りが参加し、二十二競技、五百二十八種目が行われるというスーパーイベントとなった。戦後間もなく、ロンドンオリンピック開幕の日にまかれた一粒の種は花を咲かせ、実をつけ、ついに見上げるばかりの大木に育ったのだ。

パラリンピックはこうして、オリンピックやサッカーワールドカップ、世界陸上選手権などに次ぐスポーツイベントにまで発展した。参加国・地域数はますます増えていくだろう。競技としての見ごたえも増しており、注目度はいっそう高くなるに違いない。

それに伴い、さまざまな変化も現れている。プレーやパフォーマンスのレベルが上がり、競技性が高まってきたのもそのひとつだ。障害者スポーツの範疇を超えて、純粋な競技として見てほしいという選手たちの思いも強くなってきており、そこから、クラスを絞ってメダルの価値を高めるべきだとの主張もしばしば聞かれるようになってきた。障害者スポーツでは、公平性の観点から障害の部位や程度によって多くのクラスが設けられているのだが、その基本部分を見直す動きも出てきているのである。オリンピックと同様に、プロとして競技に専念しなければ勝てないと指摘され始めたのも、そうした競技性重視の流れゆえだろうか。

一方、パラリンピックとオリンピックを統合してひとつにすべきだという論もある。障害者スポーツと健常者スポーツとは区別なしに同じ競技として扱うべきであり、となれば、両大会はひとつの形で開くのが当然という意見だ。双方を同じ組織委員会のもとで運営していく方式は既に定着しているが、それを大会統合まで一気に進めようというのである。

これらの変化や新たな展開はさらに進みつつある。それは時代の要求でもある。が、それでいいのだろうか。パラリンピックの真髄、その精神までが変わってしまうことにもなりかねないのではないか。

競技性重視の流れが進み、メダルの価値を高めるためのクラス統合が続けば、そこから置いていかれる選手も出てくる。たとえば、同じように下半身が動かないとしても、腹筋がきくかどうかで運動能力には大きな違いが出る。クラスがひとつになるだけで、多くの選手がパラリンピックの夢をあきらめねばならなくなるかもしれないのだ。

パラリンピックの父たるグットマン博士は、こんな記述を残している。

「スポーツの目的は、障害者とそのまわりの人々とを結びつけることである。つまり、障害者を社会に再融和または融和させることである」

「(脊髄損傷者のスポーツ活動は) 最も深刻な障害のひとつを、人間の心と精神の力が克服できるということを事実として証明したものであり、また人体のはかり知れない再適合の力を示したものである」

その精神はいまも変わらないはずだ。どんな制約があろうとも、自らの可能性を追い求め、挑戦し続ける。それこそが障害者スポーツの、パラリンピックの真髄なのである。もし競技性ばかりを重視するようになれば、その精神が希薄になりはしないか。

オリンピックとパラリンピックの統合についても同じような危惧を感じる。両者の違いは明らかだろう。オリンピックはただひとつのことを、すなわち最高レベルでの勝利を目指す戦いのためにある。一方、パラリンピックは、クラス分けによってできるだけ多くの可能性に光を当てるための大会である。どちらも素晴らしい。どちらも魅力や感動に満ちている。オリンピックもパラリンピックもそれぞれに意味があり、面白さがあるのだ。一緒にする必然性などない。

オリンピックは「人間が無限の力を秘めているのを示す」大会であり、パラリンピックは「人間の努力が無限であることを示す」大会なのである。あの日、一人のスイマーが放っていた輝き、どんなに制約があってもやり遂げずにはおかないという情熱と努力の輝き。パラリンピックの舞台では、そんな輝きこそを見ていたい。

File.66

# 中村《なかむら》 裕《ゆたか》（1927－1984）

1964年東京大会など　選手団長

## 一人の医師から始まった

中村裕が、日本ではまだ始まったばかりのリハビリテーション研究のため、英国のストークマンデビル病院にルードウィヒ・グットマンを訪ねたのは一九六〇年五月のことだ。神経外科医のグットマンは脊髄損傷の治療と社会復帰訓練にスポーツを取り入れるという画期的な功績で知られ、一九四八年以来、パラリンピックのルーツとなるストークマンデビル競技大会を開いていた。大分・国立別府病院の整形外科科長だった中村は、そこで「重度障害がある脊損患者の八十五パーセントが六カ月で社会復帰する」という輝かしい実績を目のあたりにする。

「私はこのストークマンデビルで一つの大きな目標を与えられたように思った。『手術よりスポーツ』という治療方針も正しいことが理解できた」（著書から）

帰国した中村は並外れた実行力をすぐさま発揮していく。組織づくりから始めて、まず大分県身体障害者体育大会を開いたのは翌年十月。「患者がけがをしたらどうする」「無茶なことをするな」と批判が出ても、確信は揺らがなかった。次の年にはストークマンデビル大会に大分から二人の選手を送った。こうした精力的な活動が大きな波となって、歴史的大会の実現を前へ進めたのである。

一九六四年十一月、オリンピックの興奮がさめやらない東京で、二十一カ国が参加して国際身体障害者スポーツ大会、すなわち東京パラリンピックが開かれた。ストークマンデビル大会が国際大会となり、初めて欧州以外で開かれたのがこの東京だ。中村は日本選手団長となり、開会式では宣誓する車いす選手の後ろに立って感慨をかみしめた。現場を知り尽くし、固い信念のもとで一から日本の障害者スポーツをつくり上げてきた、その手腕と情熱こそが、歴史に残る東京大会開催の最大の原動力だったと言っていい。

その後は、障害者の自立の場として「太陽の家」を別府に開く一方、東京から五大会続けてパラリンピックの日本選手団長を務め、障害者スポーツの発展の先頭に立った。「椰子の木の下でも」と、パラリンピックにはなかなか参加できなかったアジア各国を対象に、極東・南太平洋身体障害者スポーツ大会（フェスピック）を一九七五年に創設したのも大きな功績のひとつだ。

一九八四年、五十七歳で死去。が、いまも中村裕の名は輝いている。日本の障害者スポーツは、この一人の医師によって命を吹き込まれたのである。

File.67

# 初の選手たち

## 1964年東京大会

### 希望も悩みも抱えた船出

一九六四年十一月八日、東京はこの日にふさわしい秋晴れだった。直前までオリンピックでにぎわった選手村の織田フィールドで開かれたのは国際身体障害者スポーツ大会の開会式だ。のちに六〇年のローマが第一回パラリンピックと認定され、この東京は第二回として記録されている。パラリンピックという呼び名が初めて広く使われ、障害者スポーツ発展のうえで大きな節目とも飛躍台ともなった大会だった。

二十一カ国が参加し、五日間で九競技が行われた東京大会。初出場の日本からは車いすの五十三選手が参加した。大半が国立病院・療養所の患者や訓練生で、仕事をしていたのは自営の五人だけ。車いす生活では自立もままならず、スポーツとは無縁の時代だったのだ。大会報告書の選手たちの感想文にはこうある。

「日本の現状は先進国との差が有りすぎる様な気がしてならない」「より一層の理解と温かさを強く要求したく思う」「(この大会開催は)身障者問題に対する考え方の革命といって過

言でない」「身体障害者が幸福な明るい生活を送れる日の一日も早く訪れる事を信じたい」

悩みと不安、希望と期待。華やかな国際大会の中でさまざまな思いが交錯していたのが垣間見える。

日本唯一の金メダルは渡部藤男・猪狩靖典ペアの卓球ダブルスで生まれた。日本初のパラリンピック金である。

が、二十四歳で出場した渡部は「何試合やったか覚えていない。感激もあったと思うけど、記憶にないんですよ」と語っていた。トラックの積み荷を下ろす時の事故で車いす生活となり、郷里の福島県の病院に入院している時に「そんな大会があるとも知らなかった」パラリンピック出場の話が降ってわいた。リハビリの一環として卓球を始めたのは前の年。病院の仲間とペアを組み、ほとんどぶっつけ本番で出場したのが金メダルにつながったのである。ただ、その後は仕事が忙しく、車いすで一人暮らしをする苦労もあって、パラリンピックの記憶はすっかり消えてしまったというわけだ。スポーツをやる機会もなかった。

とはいえ、仕事をやめてからは障害者団体で活動し、アームレスリングやボウリングの試合にも出たという。若き日に味わったスポーツの楽しさが、体の中でふとよみがえったというところだろうか。

半世紀と少し前の秋。日本のパラリンピック運動は、こうして流れ始めたのだった。

File.68

# 須崎《すざき》 勝巳《かつみ》（1942－）

## 1964年東京大会 車いすバスケットボールなど

## 「自立」を見つめた大会

一九六四年の東京パラリンピックで陸上、車いすバスケットボールなど四競技に出場した須崎勝巳にとって最も印象的だったのは、初めて接した外国人選手たちの様子だった。

「体力、腕力があるなというのはすぐ感じました。あと、やっぱり朗らかなこと。（海外大会出場にも）慣れているようでしたね。自分で仕事をして生活していると、ああなるんだろうなと思いました」

交通事故で車いすを使うようになり、脊髄損傷の治療・訓練で知られた中村裕医師を頼って郷里の愛媛から国立別府病院にやって来たのがパラリンピックへの入り口となった。東京大会開催準備の中心にいて、出場選手の選抜もしていた中村から、運動能力のありそうな二十二歳の若者にも声がかかったのである。車いすバスケットは始めていたが、他の競技を練習したのは半年程度。それでもバスケットに加え、陸上のやり正確投げ、スラローム、百㍍、水泳の平泳ぎ五十㍍、卓球のダブルスと精力的に出場した。メダルには届かなかったが、仲間と大会に参加した楽しさは忘れがたい思い出だという。

ただ、華やかな大会にいながらも、常に頭にあったのはこのことだった。

「これからどうしようか。自分で仕事がしたい。そのことで頭がいっぱいでした。スポーツよりこれからの生活でしたね。外国の選手はみんな仕事をしているという。私たちもそうしたい。みんなそう思っていたんじゃないでしょうか」

日本選手五十三人のうち、仕事をしていたのは自営の五人。当時は車いすでの会社勤めなど考えられなかった。だからこそ、職業を持って朗らかに振る舞う外国選手の印象がよけいに強かったというわけだ。パラリンピックは、自分の将来を否応なく見つめねばならない場でもあった。

自立の願いはかなった。大会後、別府の義肢・装具製作会社で補装具づくりの仕事についたのだ。家庭を持ち、車いすバスケットのクラブチームに入って本格的にスポーツに取り組むようにもなった。思いもかけなかったパラリンピック出場が自信をもたらし、思い切って社会に出ていく契機ともなったということだろう。

七十代になってからも、ボッチャなどのユニバーサルスポーツ（障害や年齢にかかわらず誰もが一緒にやれるスポーツ）を楽しんできた。その朗らかな表情は、車いすの後輩を大いに元気づけてきたに違いない。

File. 69

# 星《ほし》 義輝《よしてる》（1948－）

1976年トロント―88年ソウル大会
車いすバスケットボール

## 競技こそ我が人生

一九六五年、第一回の全国身体障害者スポーツ大会の車いす競技で、十七歳だった星義輝がキャスター上げの技を駆使すると、そのたびにどよめきが起きた。車いすの前輪を浮かせて段差を越えたり方向を変えたりするキャスター上げを、まだ誰もやらなかった時代。幼くして小児麻痺で下半身が不自由となり、中学時代はふるさと福島県の養護学校に通った星は、車いすを使い始めてすぐにその技術を身につけた。そして彼は、抜きん出た技と人一倍の情熱とを車いすバスケットボールにそそぎ始める。

東京に出てさまざまな職につきながら、草分け選手の一人として十八歳から日本の車いすバスケットの先頭に立ってきた。仕事以外の時間はすべてバスケットに費やした。早朝に練習し、仕事を終えてから深夜まで練習し、雨が降ればかっぱを着て走った。「練習中の星さんに声はかけられない」と後輩や仲間がささやき合ったほどの打ち込みようだったという。

「うまくなりたい、その一心でしたね。それと、日本のバスケットを世界にどれだけ近づけられるか。やっぱりそれが目標でした。（猛練習は）そのためにオレ一人でもやらなくちゃダメだという思いでやってました」

パラリンピックは一九七六年のトロントから八八年のソウルまで四回連続出場。トロントではスラロームで金メダルを獲得したが、力をそそいだのはバスケットだった。チームの最高成績はソウルの7位。出場のたびに海外選手の体の大きさと運動能力の高さ、さらに国際経験の不足を感じながら、必死に世界の頂点を目指す日々だった。

バスケットから身を引いたのは九〇年。四十二歳で始めたのは車いすテニスである。たちまち日本のトップの一角に駆け上がり、海外を転戦して世界ランク12位になった。五十歳近くなっても力は衰えず、海外の若い選手に「自分も将来は星さんのようになりたい」と言わせた。競技の一線を退いてからは、子どもたちを指導するかたわら、連日仲間たちとプレーを楽しんできた。七十代になっても朝晩の腹筋運動を欠かさず、体を動かし続けてきているのは、「スポーツは自分が生きている証」と思うからだ。

バスケットでもテニスでも、日本のレベルを世界に近づけたいと強く願ってきた。小学校から高校まで教えた国枝慎吾は車いすテニスの世界王者となった。鉄人の願いは着実に受け継がれている。

File. 70

# 尾崎《おざき》 峰穂《みねほ》

（1963－）

1984年ニューヨークから7大会出場　陸上

## 「恐怖」跳び越え、高みへ

パラリンピック七回連続出場という抜きん出た実績を持っているのは、陸上競技の視覚障害部門で世界に知られた尾崎峰穂である。そして、走り幅跳び、やり投げなどで五つの金メダルに輝いた名選手がひときわ忘れがたく思っているのは初出場の時のことだ。

東京出身で、視力を失ったのは高校生の時。だが盲学校で思い切って陸上に取り組み、全国大会優勝を果たして一九八四年のパラリンピック代表に選ばれた。それまでやっていた立ち幅跳びはパラリンピックの種目にない。そこで走り幅跳びに挑戦したのだが、まず立ちはだかったのが恐怖の壁だった。

スピードを上げて助走し、踏み切って跳び出す。視力を失った者にとって、それは恐怖そのものだった。一歩だけ下がって跳び、二歩、三歩と増やしていき、だがまた怖くなって元に戻る繰り返し。なんとか十一歩まで助走距離を伸ばして挑んだのがニューヨーク大会だ。

初めての海外。自分がどこまで戦えるのか、まったくわからない。が、そこには不思議な力があった。「楽しそうな雰囲気で気分も乗って、練習で記録が伸びるともっと嬉しくなって」臨んだ本番では、なんとベスト記録を80センチほども上回る6メートル48が出たのである。二十歳で手にした初の金メダルがこれだ。

「最初は怖い、嫌だと思っていたのが、ここまでできた。不可能が可能になった。それからスポーツ以外でも考え方が変わりました。無理だ、できないと思わず、なんでも本格的にチャレンジしようと思うようになったんです」

以来、鍼灸マッサージの仕事を忙しくこなしながら、競技にも全力で取り組む積極的な生き方を貫いてきた。八八年のソウル大会は走り幅跳びと立ち三段跳びで、次のバルセロナ大会は走り幅跳びで金メダル。足を痛めてからはやり投げを中心に据え、アトランタで金。その後も二〇〇八年の北京大会まで出場し続けた。「どんな形で次の大会を迎えようかと、ワクワクする気持ちでそれぞれの四年間を過ごした」という。

結婚して二人の子どもにも恵まれた。パラ出場にはピリオドを打ったが、東京都の大会には一九八三年以来、出場し続けている。全国大会への出場も。前を向いて挑戦し続ける人生哲学に変わりはない。

よく知れば知るほど、その難しさ、面白さがくっきり見えてくる障害者スポーツ。「それがもっと一般に知れわたってほしい」というのが、歴史に残る名選手の願いだ。

# File.71

## 岡《おか》 紀彦《としひこ》（1964－）

2000年シドニー大会ほか　車いす卓球

### 難しいから挑みたい

どの競技もレベルが飛躍的に上がり、選手層も厚くなっているのが現代のパラリンピックだ。となれば、歴戦のパラリンピアンたちも常に自分を進化させていかねばならない。岡紀彦も、そのための模索や試行錯誤をひたすら積み重ねながら、長い競技人生を過ごしてきた。

車いす卓球の第一人者である。パラ卓球日本一を決めるジャパンオープンでは一九八八年以来、二十五連覇を含む二十七度の優勝という驚異的な成績を残している。パラリンピックにはシドニーから北京まで三大会連続で出場し、シドニーとアテネではベスト16。二〇〇〇年代初めからはスポンサー契約を獲得してプロの道を歩んできた。岡山在住の大ベテラン。その存在感、その実績は既に「伝説」の域に入っている。

先天性骨形成不全症で、身長は一二三センチ。卓球台の上に胸までしか出ない体は、どの大会でも最も小さい。それでも並外れた実績を残してきたのは、相手のパワーをどうしのぎ、どう上回るかを常に考え抜いてきたからだ。そこで早いタイミングのライジングをはじめとする多彩な球種を身につけてきたのだが、一番の基本にはこの考えがあるという。

「なんで点を取られたのかわからない、いつの間にか負けてた、みたいな感覚を相手に与えるプレー。それが理想ですね」

ライバルを徹底的に研究する。クセや特徴を見抜いてそれぞれ攻め方を変え、ボールの回転やコースも微妙に変化させていく。相手がミスしやすいポイントを見つけ、そこにボールを集める。頭脳でパワーに対抗してきたというわけだ。

ただ、競技レベルが上がり、新たな強敵が次々に現れるようになると苦戦は避けられない。パラリンピック出場権は国際大会の成績による世界ランクで決まる。かつてひとけただった順位はしだいに下がり、20位以下に。ロンドンとリオの出場も逃した。次にすべきことは何なのか。鉄人はまた新たな模索を強いられているところだ。

「でも、難しいからこそ挑戦したい。年齢の影響も感じません。情熱も昔以上です。応援してくれる人も多くなったし、障害に対する見方も変わってきた。そういう中では、まだまだ選手としてやっていたいですね」

三十代で初出場したシドニーの感激は、ずっと新鮮なまま心にある。パラリンピックでしか味わえない感激である。次に目指すのが二〇二〇年東京への出場であるのは、もちろん言うまでもない。

# File.72

## 臼井《うすい》 二美男《ふみお》（1955－）

### 2000年シドニー大会　義肢装具士

### 義足だって走れるんだ

その情景を臼井二美男は鮮明に覚えている。二〇〇〇年十月、シドニー大会の陸上競技。走り高跳びのピットには二十歳の鈴木徹が立ち、スタンドで見守る臼井は感激に浸っていた。「徹君、なんてかっこいいんだろう。素晴らしい……」

鈴木と、短距離の古城暁博が日本初の義足パラリンピアンとして出場した大会。二人の義足を担当した義肢装具士の臼井にとっても、特別な形状から板バネと呼ばれる競技用義足を本格的に手掛けるのは初めてだった。見守る側も緊張を抑えられない。が、板バネをつけて助走路に立った若者の凛々しい姿を見るうち、不安も緊張も吹き飛ばすほどの感激に包まれた。臼井が進めてきた画期的な活動はこうして新たな段階に入り、大いなる発展へのスタートが切られたのだった。

鉄道弘済会の義肢装具サポートセンターで義肢づくりの仕事に携わる臼井がふと思いついたのは、およそ四半世紀前のことだ。「義足でも走れる。義足の人を走らせてみたい」。それまで不可能とされていた挑戦をこつこつと続け、「ヘルスエンジェルス」と名づけた陸上クラブをつくって、義足を使う人々に走りを教える練習会を開いてきた。独力による地道な活動はしだいに広がり、そこからついにパラリンピアンも生まれたのである。

義足で走り、競技に取り組む輪は臼井を中心として着実に広がっていった。そこからは陸上以外の競技者も登場し、パラリンピアンも続々と誕生した。彼自身もメカニックとしてずっとパラリンピック選手団に加わっている。この小柄な義肢装具士はゼロから未踏の道を切り開いて、さらに広げつつあるのだ。その足跡は、そのまま日本の義足スポーツ発展の歴史と言っていい。

地道な活動は続いている。スポーツ関係は仕事の一部。六十代となっても早朝から夜まで義足づくりに没頭し、使用者の相談にも乗り、幅広く面倒をみる。週末には練習会や大会に行く。休みなしの活動を支えているのは「義足を使いこなせば人生は変わる」の確信だ。

「障害に負い目を感じている人はまだたくさんいます。もっと自分に自信を持ってほしい。二〇二〇年もそのための機会にしたいですね」

「ヘルスエンジェルス」は二〇一七年、「スタートラインＴＯＫＹＯ」に名前を変えた。常に先を目指す思いが、そこには込められている。

File.73

# 浦《うら》田《た》 理《り》恵《え》

（1977－）

2012年ロンドン、16年リオ大会　ゴールボール

## 心の目で見るコート

ゴールボール日本代表の中心選手として、浦田理恵は三度のパラリンピックに出場してきた。その豊富な経験の中で、最も印象深く心に残っている試合といえば二つの中国戦だ。二〇一二年ロンドン大会の決勝戦と一六年リオの準々決勝である。

視覚障害者の球技であるゴールボール。18×9メートルのコートで三人ずつのチームが向き合い、鈴の入ったボールを投げ合って得点を競う。音と気配でボールの軌道や相手の位置を瞬時に察知していく妙技が見どころだ。二十歳で視力を失い、二十七歳からこの競技を始めた浦田は、守備の要であり、司令塔でもあるセンターの選手として技を磨いてきた。ボールがコートのどこに落ちたか。投げたボールが相手のどこに当たったか。足音や息遣い、話し声はどうか。すべての音を聞き分けるトレーニングをひたすら繰り返して、コートの状況がありありと「見える」ところまで感覚を研ぎ澄ましてきたのである。その超人的な技がひときわ光ったのが二つの中国戦だった。

ロンドンの決勝戦では、1－0とリードした場面で反則を取られたが、幅九㍍のゴールを一人で守るペナルティスローを鮮やかに止めた。「すごく冷静で、点を取られる気がしなかった。相手がどこから投げてくるのかも、ボールのコースもしっかりわかりました」。同点を許さなかったスーパープレー。磨き抜いた感覚が金メダルを守り切ったのだ。

リオの準々決勝は同点のまま、サッカーのＰＫ戦に当たるエクストラスローで惜しくも敗れたが、そこではかつてない感覚を味わっていた。

「いままでの中で一番クリアに見えました。ああ、相手はそこにいる、ボールはここに来る、と。すべてがピンポイントでわかりました。いまのボールは危なかったというのは一回もなかったんです」

培ってきたものを出し切った試合。その時、彼女はすべてを心の目で見通していたというわけだ。

とはいえ満足はしなかった。彼女は攻撃力の強化にも踏み出した。日本のプレーは各国に研究されているし、新たな球種が出てくれば、それにも対応しなければならない。「もうこれでいい、というのは絶対にない」のである。

福岡で障害者選手の支援を行っている「シーズアスリート」に所属し、二〇二〇年の東京を目指している。四十代を迎えて、競技力はいっそう円熟の度を増してきた。心の目はさらに輝きを増しつつある。

File.74

## 成田《なりた》 真由美《まゆみ》（1970–）

2016年リオデジャネイロ大会　水泳

### また高みへと上った

パラリンピックを、障害者スポーツをもっと知ってほしい。社会のバリアフリー化も進めたい。それらのことを多くの人に気づいてほしい。では、そのために自分は何ができるのか。答えはすぐに浮かんできた。

「やっぱり泳ぐことしかない。すごく自然にそう思いました」

こうして成田真由美は競技の場へと戻った。アトランタから北京まで四大会連続でパラリンピックに出場し、競泳で十五個の金メダルを獲得してきた女王の復帰である。ロンドンは不出場。六年の空白をへて、所属している横浜サクラスイミングスクールで本格的な練習を再開したのは二〇一四年の十一月だ。

既に四十代。体力、筋力も落ちている。が、不屈のスイマーはすぐ本来の泳ぎを取り戻し、リオ大会の参加標準記録も破った。多くの故障を抱え、何度も手術を受けてきた体で、以前を質量ともに上回るほどの練習を積み重ね、再びパラリンピックを目指したのだ。

「年だからとか肩が痛いとか、言い訳の材料はいくらもある。でも、リオで日本新を出したい、決勝に残りたいという明確な目標があったから、言い訳なんか考えませんでした」

苦しい練習をすれば、それだけ強くなれる。だから、やると決めたら立ち止まらない。長い競技人生を支えてきた強い心が、ここでも多くの困難をはねのけたのだった。

四十六歳で迎えた二〇一六年九月のリオ。その泳ぎは圧巻だった。リレーも含めて6種目に出場し、五十㍍自由形では自己記録に100分の1秒と迫る39秒23、五十㍍背泳ぎではアジア新の46秒74をマークしたのである。より障害が軽いクラスに組み入れられたため、決勝の順位はそれぞれ5位だったが、四十代半ばにしてかつての充実期を上回るほどのタイムをたたき出した泳ぎには、まさしく金メダル並みの価値があったと言っておきたい。

「力は出し切りました。楽しくてしょうがなかった。もう終わっちゃうのかと思いました」

そのリオが終わった後、秋の大会の五十㍍自由形では、初めて39秒を切る38秒84を出した。十二年ぶりの大幅な記録更新。競技をいつまで続けるかは考えていないが、力強い歩みはまだ止まっていない。

「人間が持っている可能性というものを、子どもたちにも気づいてもらいたい」と思ったのも復帰への原動力だった。彼女は自らの泳ぎで、可能性は無限であることをまざまざと示し続けている。

File.75

# 鈴《すず》木《き》徹《とおる》

（1980―）

2016年リオデジャネイロ大会　陸上

## 挑戦、まだ終わらない

誰も歩んだことのない道を一人で切り開いていく。険しい道のりにもけっしてひるまない。そうして鈴木徹は長い競技人生を過ごしてきた。

高校三年の終わりに交通事故で右ヒザ下を失った。しかしハンドボールをやっていた若者はスポーツで生きていく決意を変えず、筑波大に進んで義足で陸上に取り組んだ。そこで選んだのが走り高跳びだ。

ゼロからの出発だった。義肢装具士の臼井二美男と手を携えてではあったが、なにしろ義足の高跳びなど、誰もやっていなかったからだ。すべて手探り、すべて試行錯誤の繰り返し。それでも徐々に記録を伸ばし、二〇〇六年には試合で2㍍をクリアした。世界で二人目という義足の2㍍ジャンパーになったのである。

ただ、いつも心にあったのはこのことだった。

「義足を使いこなすということには終わりがない。自分でひとつひとつ積み重ねていくしかない」

二十歳だったシドニー大会以来、パラリンピックは五大会連続出場で、6位、5位、4位と順位を上げてきた。とはいえ、パラ陸上で最もレベルの高いクラスのひとつとあって、メダルには一歩届かず、そのたびに課題も見つかっている。後に続く者が出てこないほど難しいのが義足のハイジャンプ。これはまさしく「終わりのない」挑戦なのだ。

ロンドンの後は、助走でバーへ向かってカーブを切っていく走りを磨き抜いた。カーブに入ってからの歩数も変えてみた。ベスト記録を2メートル02に伸ばして臨んだ二〇一六年のリオ大会は、1メートル95にとどまってまたも4位。が、悔しさはすぐ振り捨てた。さまざまな試みをほぼやり尽くしてきた中で、その後はバーをクリアする空中姿勢を進化させつつある。

「もう、やれることは少ないですね。それでも、また違う可能性を見出していきたい。いろんなアプローチをして、必要なものを探し続けていきますよ」

二〇一七年にはパラ陸上の世界選手権で銅メダルを獲得し、初めて表彰台に上がった。視線の先にはもちろん二〇二〇年の東京がある。三十代後半を迎えても、体力にも技術にも不安はない。SMBC日興証券に所属し、競技に専念できる環境も整っている。「地元でメダルを取る」の大目標はしっかり定まっている。

これまでは健常選手と同じ動きを目指してきた。その成果が「2メートル02」である。だが最近は「義足には義足の、独自の跳躍があるんじゃないか」と思い始めている。未踏の荒野を切り開いてきた男の行く手には、また新たな道が開けつつあるようだ。

# 第7章 発展

1988 ソウル 〜 1996 アトランタ

File.76

## 長谷川《はせがわ》 智子《ともこ》

（福島《ふくしま》 實智子《みちこ》　1963―）

1988年ソウル大会　射撃

「もっとできる」思い常に

昼の休みを長谷川智子は母、妹と過ごした。ソウル大会三日目の一九八八年九月十九日。射撃の女子スポーツピストルは午前中に60発の予選を行い、午後に決勝が控えていた。だが母と娘は競技の話などせず、ホテルや食事を話題にしてゆったりとくつろいだ。

競技再開が迫って射場に戻ると、決勝に残った八人のうち、他の七人は既に射座についていた。そこで初めて予選で3位だったのを知った。決勝進出はわかっていたが、順位は気にせず、時間ぎりぎりに決戦に臨んだというわけだ。さすがにそこからはかつてない緊張を味わったが、それでも10発の決勝は99点、すなわち9発が満点という文句なしの成績で撃ち終えた。結果は射撃女子初のメダルとなる銀。大舞台でも自分なりのペースを崩さず、いつもの自然体を保ったのが、二十五歳の大阪府警巡査長を表彰台へと導いたのである。

「オリンピックは応援するものだと思っていました。でも、頑張ればそこに実際に出られて、形になるものを得られる。ほんとによかったと思いました」

初々しいメダル獲得の弁。ただ、一方では「自己記録を出していたら、もっと達成感があったんじゃないか」の思いもあった。府警で競技を始めたのは五年前。スポーツピストルの経験は三年。短期間で一気に力を伸ばしたのは、「自分はもっとできる」の向上心をいつも持ち続けていたからだ。

「現状に満足せず、常に自己記録更新を目指していました。日本で一番練習しているという自負がありました。それで感覚や動きが体にしみ込んでいたんですね。だから、あんなに緊張しても体が動いてくれたんでしょう」

専任コーチも見習うべき先輩もいなかった。すべて自分で考え、工夫を重ねた。誰にも頼らず、思うままに突き進んだ若い情熱が、厚い壁をあっさり突き破ったのだった。

ソウルの後はいったん競技を離れた。結婚、府警退職、離婚、再婚をへた十二年後のシドニーで、福島實智子として復帰したのは、かつてできなかったことをもう一度究めてみたいと思ったからだ。2種目で5位入賞したシドニーから、四十四歳で迎えた北京まで、さらに三大会連続でオリンピック出場。そこで「やるべきことが思い浮かばない。出し尽くした」と感じて現役にピリオドを打った。

若くして栄光をつかんだソウル。が、それは、よりよい撃ち方を探し続ける長い旅の始まりだったのだ。

File. 77

# 井上《いのうえ》 悦子《えつこ》（1964−）

## 1988年ソウル大会　テニス

### ツアーと違う「非日常」

「楽しかった」という記憶が兼城悦子にはある。が、その他のことはほとんど覚えていない。彼女にとってソウルオリンピックとはそれだけの大会だった。二十三歳だったテニスのトッププレーヤーが情熱のすべてをそそいでいたのは、当然ながらオリンピックとはまったく別のところだったのである。

旧姓で言えばスポーツファンの誰もが思い出すだろう。井上悦子は十八歳から世界の強豪が集うプロツアーに参戦し、四大大会を頂点とする各国の大会を回るようになった。日本女子にあって世界への道を本格的に切り開いたのは彼女だ。ランキングの最高位は26位。当時としては画期的な順位だった。

「強い選手と戦いたい。強い選手のいるところに身を置きたい。ランキングやポイントより、そのことが一番でした。強い人がたくさんいる中で自分のテニスを鍛えたかったんです」

そんな中でテニスが六十四年ぶりに五輪競技に戻った。アジアのナンバーワンとして文句なしに選ばれた日本代表の座。ただ、世界ツアーが確立していたテニス界では、久々のオリンピック復帰にとまどいもあった。彼女はといえば「ツアーのスケジュールにひとつ大会が入ってきた」だけと受け止めた。強豪の中でプレーを磨きたいという高い志の中に、突然めぐってきたオリンピックが入り込む余地はなかったのである。

迎えた本番では、シングルスでランク下位の選手に敗れ、ダブルスの一勝にとどまった。すべて自分で管理しながら厳しい戦いをこなしていくふだんの日々とはまったく違う「非日常」に、かえって心身の調整が難しかったのだ。「楽な反面、気が抜けちゃったところも」と彼女は振り返る。

他競技の選手との交流や応援は楽しかったし、大会の雰囲気も明るかったという記憶はわずかに残っている。だが、テニスプレーヤーとしての心は本来の舞台に向いていた。「楽しかったけど、ほとんど覚えていない」のはそのためだ。

「もう十分やった」と感じて現役を退いたのはソウルの翌々年。その後は指導者となり、フェドカップの日本代表監督も務めた。オリンピックでのテニスの盛り上がりを見ていると、「いまの選手はツアーとオリンピックとを、心の中でうまく分けているな」と感じる。遠い思い出にすぎないソウルだが、「あれは頑張ってきたことへのご褒美だったかもしれないな」と思ったりもするようだ。

# File. 78

## 太田《おおた》 章《あきら》（1957－）

1988年ソウル大会　レスリング

### ついに「本物」を味わった

レスリング・フリースタイル90キロ級の選手として、太田章は幾多の戦いを逆転でものにしてきた。どんな苦しい状況でもけっしてあきらめず、大技を一閃させて試合をひっくり返すのである。その真骨頂を大一番で見せつけたのが、三十一歳で迎えた一九八八年のソウル大会だ。

全勝で迎えた5回戦はジム・シェアとの対戦になった。優勝候補の一角を占める米国の強豪が繰り出す片足タックルに押しまくられ、0－8とポイントで大差をつけられた第1ラウンド。しかも4回戦で肋骨を剥離骨折して、激しい痛みを感じてもいた。絶体絶命。しかし、そこから逆転劇が幕を開ける。

第2ラウンドに入って攻め返し、まず1ポイント。相手がまたしても片足タックルを仕掛けてきたのを投げ技の名手は見逃さなかった。頭と腕を抱えて自ら後ろに倒れ込んでの巴投げ。そのまま押さえ込んで大逆転のフォール勝ちが決まった時、さっと頭をよぎったのは

「あきらめなければ、こういうことが起こるんだ」の思いだった。大差にも「もうダメだとは思わなかった」強気が、培ってきた「逆転力」をとっさに引き出したというわけだ。

この勝利で大きく前進した太田は決勝へ進出し、敗れたものの銀メダルをつかんだ。日本にとっては実に貴重な重量級の快挙である。

銀メダル獲得は二度目だった。早大時代のモスクワはボイコットで出られず、四年待ったロサンゼルスで、重量級では初の銀を獲得。いったんは現役を退いた。が、さまざまな思いが彼をマットへと引き戻したのである。

「つらくても、一番光り輝くのは選手。もう一度、オリンピックに選手として出たい」「ロスにはソ連・東欧の強豪がいなかった。『本物』のオリンピックを経験してみたい」「戦う緊張感、燃える思いをまだまだ味わいたい」

こうしてソウル直前にカムバック。母校の教員を務めながらの苦しい環境の中で国内予選を勝ち抜き、どうせ勝てないという周囲の評をはね返して表彰台に上ったのだ。ソウル出場もまた、逆境になればなるほど燃える「逆転力」のたまものだったと言っていい。

「メダルは実力に加えて運もなければ取れない。運を引き寄せるには、どんな悪いことがあっても、いい方にいい方にと考えることです」

九二年のバルセロナにも出場し、四大会で五輪代表となった伝説の男。「常に前向きに、ポジティブに」がその人生哲学である。

# File.79

## 岩崎《いわさき》 恭子《きょうこ》（1978－）

1992年バルセロナ大会　水泳

### 無欲が生んだ快挙

ゴールした岩崎恭子は何度も電光掲示板を振り返った。競泳史上最年少の金メダリスト誕生が世界を驚かせたのは、バルセロナ大会の女子二百㍍平泳ぎ決勝でのことである。一九九二年の夏。快挙をなし遂げた十四歳の少女自身も、しばらくはその結果を信じかねていた。

「えっ、ほんとに私が一番？　という感じで。でも、もう一回見ても一番だし、順位の順に並んだのを見ても一番だし……。ほんとにびっくり、それだけでした」

一気に力をつけつつあった中学二年生。その一年で記録を10秒ほども更新している。とはいえ、オリンピックでさらに自己ベストを4秒43も縮めて世界記録保持者を圧倒してしまうとは、さすがに誰も予想できなかった。それはまさしく奇跡ともいえるような出来事だったのである。

「けっこう速いタイムで泳いでいるのはわかったんですが、飛ばしているつもりは全然なくて、すごく楽に、力まず入れたんです。後半もあせりや力みはまったくなかった。いま思えば本当に無欲だったんですね」

急成長が続く一方、メダルの可能性など「一ミリも」考えず、ライバルを意識もせず、重圧も感じていなかった。そのうえ、五輪本番はちょうど最高の調子で迎えた。無心で泳いだ少女には、大仕事をやってのけるだけの要素がすべてそろっていたというわけだ。

が、日本中を沸かせた快挙は、当の本人にとって何ともつらい体験へとつながってしまう。行き過ぎた報道。過熱する周囲。どこに行っても無遠慮な視線や言葉にさらされた。「心のバランスが取れていなかった。自分が自分でないような感じでした」の言葉に、思いもよらない渦に巻き込まれた苦悩がにじんでいる。

「もう一度オリンピックに出よう」と決意したのは二年後だった。そして出場を果たした九六年のアトランタ。決勝進出はならなかったが、バルセロナと同じほど大事な経験となったのは「アトランタで人間として成長できた」からだ。

苦い記憶は残っている。ただ、いまは率直にこう思えるようになっている。

「(二つのオリンピックは)自分にとって、なくてはならないもの。バルセロナがあったからアトランタもあったし、オリンピックがあったから、いまの自分がある」

一児の母となり、水泳の普及にも力を尽くしてきた。年若い選手たちを見ると、何かの形で役に立ってやりたいなと、ふと思ったりもするという。

File. 80

# ドリームチーム

## 1992年バルセロナ大会　バスケットボール

### 「異次元の夢」の衝撃

一九九二年七月二十六日、バルセロナ大会のバスケットボール会場は異様なまでの熱気に包まれていた。競技場をまるで人気アーティストのライブのような雰囲気に変えたのは、もちろんこの男たちだ。アメリカ男子代表、すなわち初代ドリームチームがその時、オリンピックのアリーナに初登場したのである。

プロ最高峰の米ＮＢＡから頂点のプレーヤーばかりを選りすぐったチームは、まさしく夢の集団だった。マイケル・ジョーダン、ラリー・バード、マジック・ジョンソン、パトリック・ユーイング、カール・マローン。五人のスタースターをはじめとする、目もくらむようなスーパースターがそこに勢ぞろいしていた。既に伝説ともなっている歴史的名選手たちの姿をひと目なりとも見たい。詰めかけたファンの切ないほどの思いが、かつてない熱気となって会場に渦巻いていた。

初戦の相手はアンゴラ。結果は１１６－48。ただ、観衆にとってスコアなどはどうでもよかったに違いない。夢の男たちがそこにいるだけで、誰もが大満足だったのだ。

ここから決勝までの八試合、すべて100点以上を取って大差をつける圧勝が続いた。決勝のクロアチア戦も32点差。彼らとしては、ちょっと厳しくディフェンスするだけで、自在に相手をコントロールできたのである。出場チームの中で、彼らだけがまったく別の次元にいた。

「国を代表して金メダルをもらうのは、何とも言えない、いい気分だ」「これまで経験したことのない、素晴らしい気分を味わえた」。ジョーダンとジョンソンの両エースはこもごも優勝の喜びを語った。熱狂的な応援を受けつつ悠々と試合をするのは、常に重圧の中で戦うスーパースターとして、いつにない快適な日々だったかもしれない。

このチームは批判や論議も呼んだ。家族同伴で高級ホテルを借り切り、選手村にも入らない特別待遇には、米国五輪委の中からも反発が出た。選手側にも「我々を本気にさせてくれるチームとやりたい」の思いがあったようだ。超人軍団は、あまりにも異次元、異質の存在だったのである。

一方、これはオリンピック全体の変化を物語る象徴ともなった。既にどの競技でも進んでいた五輪のプロ化の方向性が、ここからいっそう強まったのだ。その流れとともに商業主義もますます加速した。夢のチームは、オリンピックの完全なる変質をひと足先に見せていたのだった。

# File.81

## 古《こ》賀《が》 稔《とし》彦《ひこ》

（1967－）

1992年バルセロナ大会　柔道

### 奇跡ではなく「必然」

その瞬間は痛みをこらえるだけで精いっぱいだった。猛烈な痛みが少しおさまると、「なぜ、いまここで……」の痛切な思いが胸を駆けめぐった。バルセロナ大会の開幕が迫った一九九二年七月。二十四歳の古賀稔彦にとって、それはずっと待ち続け、万全の準備を整えてきたオリンピックだったのだ。

柔道男子71㌔級の試合まで十一日。練習で痛めたのは左ひざのじん帯。ほとんど歩けないほどの大けがだった。ソウル大会での敗戦を糧に力をつけ、絶対王者として二度目の五輪に臨んだ金メダル候補の、あまりにも不運なアクシデントである。

が、色を失った周囲をよそに、当の本人はすぐさま、鍛え抜かれた柔道家ならではの冷静さを取り戻していた。

「いや、これでもオレは優勝できる。けががあっても絶対に勝てるんだ」

ただの決意ではない。根拠があった。その四年間は、すべて自分で考えて準備してきている。そこから「自分なりの取り組み方でどんなことにも対応してきたのだから、今回も大丈夫だ」の確信が生まれた。それに柔道では、どんな状況でも戦えるよう、自ら問題を解決していく能力が不可欠で、その力はここでも生きるはずだ。けがをしたことで、かえって雑念も消える。すべてを考え合わせて「これでも必ず勝てる」と判断したのである。

痛みで練習はできない。残る日にちは治療に専念した。「あせりも不安もいっさいなかった」。試合当日、痛み止めの注射を打っていきなり走り出したのは、また戦いの場に戻れる喜びがそれだけ大きかったからだ。

「試合場に上がった時には、不安はいっさいなかった。ひざをけがしているという意識もありませんでした」

試合を重ねるごとに動きは鋭くなっていった。ひざを攻められても気にしなかった。準決勝は背負い投げで一本勝ち。決勝は微妙な勝負となったが、判定で審判全員が古賀に旗を挙げたのは、最後まで攻め抜く姿勢が評価されたからだろう。

実際のところ、それは練習復帰まで半年以上はかかる重傷だった。周囲は「奇跡だ」と感嘆した。ただ、古賀自身はそうは思わなかった。

「私は『必然』だと思います。奇跡といわれることにも必ず裏付けがある。それまで積み重ねてきたすべてのものが、あの場面で出たんでしょう」

長く語り継がれるであろう伝説。人間が秘めている力の奥深さが、そこには垣間見えているようだ。

File.82

# 有森《ありもり》 裕子《ゆうこ》

（1966－）

1996年アトランタ大会　マラソン

## 次の人生、切り開いた

一九九六年七月、アトランタ大会・女子マラソンのスタートに立った有森裕子に迷いはなかった。決意は明快そのものだった。

「なんでもっと頑張れなかったんだろうと思うようなレースはしない。すべてを出し尽くす」「何色でもいい、必ずメダルを取る」

銀メダルに輝いたバルセロナから四年。故障や手術も含め、心身をすり減らしつつ迎えた二度目の五輪である。その分、心に秘めた決意もまた固かった。

スタートするとメダルは頭から消えた。流れに乗って自分なりの走りをするのみ。無心に前へ前へと進むうち、ゴールはあっという間にやって来た。銅メダルのフィニッシュを迎えた思いはこうだ。

「とっても静かな喜びでした。『よし！』というだけでしたね」

とりあえず、やり遂げた。固く誓った二つの決意を実らせた。それが「よし」という素朴な思いの意味である。ただ、連続メダルの快挙にも、そっと静かな喜びに浸っただけだったのは、これが最終ゴールではなく、ひとつの始まりでもあったからだ。

バルセロナの後、より強くなりたいという思いは、実業団の中ではなかなか理解されず、摩擦が起きるばかりだった。自分ができること、すなわち「走ること」によって、それを通して得たものによって生きていきたい。スポーツ界に新たな選択肢を増やしたい。その根本的な願いも進みそうになかった。では、どうするか。自分の考えに耳を傾けさせるには、さらに実績を示すしかない。もう一度五輪のメダルを取るしかない。

「次の人生を前に進ませるための手段、それがアトランタでした。これで、とりあえず先に進むための道筋はつくれた。そんな感じでした」

その年末にプロ宣言。時間はかかったが、日本陸連もそれを認めた。アトランタの走りは確かに次の道筋への入り口となったのだ。彼女は自分のために、また多くのアスリートのために、新たな道を切り開いてみせたのである。

その後はアスリート支援の会社を設立する一方、NPO法人「ハート・オブ・ゴールド」で、カンボジアを中心に、スポーツを通した子どもたちの自立支援を行うなど、多彩に活動してきた。知的障害者の大会「スペシャルオリンピックス」の日本組織理事長としての仕事にも力を入れてきている。この時代には「共生」こそが大事という思いゆえだ。

いつも全力。いつも真剣。笑顔の奥には強い芯が通っている。

File.83

# 杉浦《すぎうら》 正則《まさのり》（1968－）

1996年アトランタ大会　野球

## 「一丸のプレー」貫いた

杉浦正則が野球人生で何より大事に思ってきたのは「つながり」である。個の力だけではいけない。チームがひとつにつながってこそ勝つことができる。アトランタ大会を間近に控えたアメリカでの合宿で、二十八歳だったエース右腕が緊急ミーティングを求めたのも、その確信があったからだ。

まだ五輪の野球にプロは入っていなかったが、代表チームにはその年のドラフト1位候補の若手が顔をそろえていた。実力は十分。が、バルセロナ大会も経験してチームの柱となっていた杉浦は、このことがずっと気になっていた。

「このチームは個がかち過ぎている。つながりが薄れている。そう感じていました」

そんな中、合宿で若手が朝の体操に平然と遅れてきた。「これはいかん」と直感した杉浦は、主将に頼んで選手ミーティングを開いてもらった。

「我々は日本のアマ野球の代表としてここに来ている以上、勝ちにこだわらなければならない。なのに、集団生活もちゃんとできないのは勝負以前の問題じゃないか」

すぐには変わらなかった。が、本番に入って予選敗退の瀬戸際に立たされたあたりから、選手の意識が変わり始めた。打者も投手も、次へとつなげるプレーに徹するようになり、クールに振る舞っていた若手が、目の色を変えて「どうしても勝ちたい」と言うようになった。

杉浦自身は、大会前の故障で序盤は投げられなかったが、中盤からマウンドに上がり、勝負どころで力投してチームの危機を救った。準決勝では強打のアメリカを抑え、決勝進出の立役者となった。連投で先発した決勝のキューバ戦は相手の強力打線に屈し、悔しい銀メダル。それでも「充実感があった」のは、自らの信念がチームメートに届いたからでもあっただろう。

次のシドニーも含め、オリンピックは三度出場。バルセロナの銅と合わせ、二個のメダルを得た。「活躍間違いなし」といわれながらもプロには行かず、日本生命のチームでアマ野球人生をまっとうした。

「我々アマチュアは一発勝負。一球でも一瞬でも気は抜けない。そういう中では、すべての選手がつながって初めて勝利に結びつくんです。勝った時に、試合に出た選手も出ていない選手もみんなで喜べる野球、やっぱりいいですね」

三十二歳で現役を退いた後は、四十一歳までコーチ、監督を務め、その後は社業に専念している。アマを貫いた決断には一片の後悔もない。

File. 84

## モハメド・アリ（1942－2016）

1996年アトランタ大会
聖火最終点火者

### 五輪と和解した王者

一九九六年七月十九日、その男が聖火台の下に現れた時、アトランタ大会の開会式会場を埋めた観衆は息をのんだ。パーキンソン病で震える手。それでも、おぼつかない手つきで聖火に点火すると大歓声がわき起こった。モハメド・アリはこうして三十六年ぶりにオリンピックの舞台に戻ったのである。

一九六〇年、ローマ大会のボクシングで、カシアス・クレイとしてライトヘビー級の金メダルを手にした。まだ十八歳だったが、既に「蝶のように舞い、蜂のように刺す」スタイルを見せていた。ポーランド選手との決勝では、序盤は劣勢だったものの、その後は攻め続け、文句なしの判定勝ちをおさめている。

が、アメリカに帰った彼を待っていたのは変わらぬ黒人差別だった。母国に栄誉をもたらしたのにレストランで食事の提供を拒まれた時、金メダルの喜びは深い失望に変わった。自伝には「本物の金じゃなかった。まがい物だった」との表現がある。

その自伝では、オハイオ川にメダルを投げ捨てたとしている。一方、作家がアリとの交流を描いたノンフィクション作品には、本人が「投げ捨ててはいない。なくなっただけだ」と語ったという記述があり、真偽は定かでない。ただ、その時に、母国を代表してオリンピックに出場した誇りは跡形もなく消え去ったのだった。

その後のことはあらためて言うまでもない。プロで世界ヘビー級王者となり、何度も返り返り咲きつつ通算十九度の防衛を果たした。名勝負の数々はいまも人々の記憶に残っている。一度もヘビー級王者となり、何度も方、イスラムに改宗して名前を変え、タイトル剥奪にもひるまずベトナム戦争への徴兵を拒否するなどして、社会的にも大きな影響力を持つ人生を送った。長いブランクをへて世界王座復帰を果たしてからは、「ザ・グレーテスト」と呼ばれる伝説の男となったのは誰もが知る通りだ。

そしてアトランタ。聖火の最終点火者としての登場は予想外であり、その分、観衆の感動も深かった。震える手で聖火を灯した時、五十四歳だった金メダリストは、かつて深い失望をもたらしたオリンピックと和解したのである。

二〇一六年、七十四歳で死去。思い出したのは、アトランタのプレスセンターにやって来たアリの姿だった。サインの入った紙片を手渡してくれた時、その目はどこか遠くを見ていた。あの時、彼は三十六年ぶりのオリンピックに何を見ていたのだろう。

# 第8章 新世紀

2000 シドニー 〜 2016 リオデジャネイロ

File.85

# 古《ふる》章子《あきこ》（1973-）

2000年シドニー大会　トランポリン

## 先頭を切って跳んだ

真っ先に登場した古章子がウオーミングアップで跳んだ瞬間、観客席からはどよめきが起きた。その時感じたのは何ともいえない喜びだったという。

「あっ、みんな驚いてる。そうだ、これでトランポリンというものを世界の人たちに知ってもらえるんだ」

トランポリンが体操の種目としてオリンピックに加わったシドニー大会。十二人の女子出場選手で演技順一番になったのは日本代表の古だった。五輪初参加の種目で、しかも採点競技では嫌われる「一番」。だがプレッシャーはなかった。初の五輪で先頭を切って演技する喜び、知らない人も多かったトランポリンを世界中に披露できる喜びを、彼女はたっぷり味わっていたのである。

金沢市で三歳からトランポリンを始めた。日本の草分けの一人である塩野尚文が郷里で普及に努めた結果、全国で最もこの競技が盛んになった石川県。母も指導者という中で彼女は技を磨き、高校二年から全日本選手権で九連覇を果たしていく。ただ、オリンピック入りはなかなか実現せず、ようやく五輪種目採用が決まったのは、そろそろ現役を退こうかと考えていた金沢大大学院在学中だった。いったん迷ったのは、競技環境も整わないまま大舞台を目指すのに自信を持てなかったからだ。

親しくしていたドイツのトップ選手、アンナ・ドゴナッゼとの手紙のやり取りが突破口となった。既に一児の母になっていたアンナから「もちろんオリンピックを目指す」と聞いて、自分の決意も固まったのである。以来、一から体をつくり直してジャンプ力を強化した。あえて技の難易度を上げず、それまでの演技を磨き抜いたのは、どんな状況でも力を出し切れるようにとの考えからだ。

「余裕もあったし、演技に不安はありませんでした。世界で一番最初にオリンピックで演技できる、世界で注目されるという嬉しさの方が大きかったですね」

「ベストの演技が出せた」結果は6位入賞。前年の世界選手権で国別の12位ぎりぎりに滑り込み、やっと獲得した出場権だったが、「世界初」の感激が力となって予想以上の成績となったのだった。

シドニー男子代表の中田大輔も同郷。日本トランポリンの五輪史はまさしく金沢から始まったと言っていい。現役引退後、結婚して丸山姓となった古。日本体操協会トランポリン女子強化本部長、そして金沢学院大准教授としてふるさとの伝統を次代に引き継いでいる。

# File. 86

## 高橋《たかはし》 尚子《なおこ》（1972－）

2000年シドニー大会 マラソン

### 自分らしく、伸び伸びと

高橋尚子は音楽を聴きながらステップを踏んで会場へと入った。シドニー大会・女子マラソンのスタートを間近に控えた二〇〇〇年九月二十四日の朝。音楽を聴きつつ体を揺らして気持ちを高めるのはいつもの通りだ。「ようし、いまからだぞ、とすごく楽しくなってきた」のは、大一番を控えた緊張も重圧もなく、まさしくいつもと変わらぬ気分でいたからに違いない。

午前九時スタート。彼女は伸び伸びと走った。17キロで早々とペースを上げた時も「自分らしく、思い切って」と迷わなかった。終始、レースの主導権を握り、終盤にまたスパートして、2時間23分14秒の五輪最高記録で飛び込んだ金メダルのゴール。「すごく楽しい42キロでした」と語ったのは、なにより「自分らしい走りができた」喜びゆえだろう。

「他人の動きどうこうは意識しないで、自分の体と対話しながら、体のサインに合わせて動いていくのにすべてを向けていました。誰かと戦っていたというより、自分の体とひたすら向き合っていましたね」
「ある意味、瞑想をしているような状況だった」と本人は表現する。ライバルたちは気にせず、自分の力を出し切ることだけに集中し続けたのだ。これこそは、マラソンランナーとして到達し得る最高の境地と言えるかもしれない。

そこまで落ち着き払っていたのは、もちろん並外れた練習を積んできたからだ。標高三千五百㍍の超高所トレーニングに象徴されるように、誰にも真似のできない攻めの練習をやり尽くしてきたのである。そしてもうひとつ、この確信も勝利への原動力となった。

「試合は特別な一日じゃない。練習と同じように走ればいい。そのためには、ふだんの一日一日を試合に臨むのと同じ気持ちで過ごせばいい」

最初に出た世界陸上で緊張から体が動かなかったのを教訓に、ある時ふと気づいた。猛暑の中で独走優勝した一九九八年のバンコク・アジア大会でそれは確信となった。先のことより、きょう一日を大切に。そうすれば試合を特別とは思わなくなる。練習と同じ気持ちで走れるようになる。シドニーの快走は、まさにその信念がもたらしたものだといえる。

「すごくナチュラルだった」というレースの日を終えた翌朝。練習場所に駆けつけ、誰もいないのを見て、ようやく試合が終わったのを思い出したという。「オリンピックも特別と思わなかった」のは、そこにも表れていたというわけだ。

File.87

# ファン・アントニオ・サマランチ（1920-2010）

2000年シドニー大会
IOC会長

## 変革もたらした剛腕

「朝、執務室の扉を開けるのが最高の喜びだ」と語っていたのはファン・アントニオ・サマランチである。二〇〇〇年シドニー大会を花道に、翌〇一年、退任するまで二十一年間にわたって国際オリンピック委員会（IOC）に君臨した第七代会長。その間はスイス・ローザンヌのIOC本部に常駐し、週末だけスペイン・バルセロナの自宅に戻った。評価相半ばする中での退任ではあったが、このリーダーは確かにありったけのエネルギーをオリンピックのかじ取りにそそいでいた。

一九八〇年、六十歳で就任。なし遂げたのはかつてない大仕事だった。いわゆる商業化路線を徹底して推進し、一時は財政難から危機の淵にも立ったオリンピックを、巨額のカネを生み出すスーパーイベントに変えてみせたのである。旧態依然たる組織に吹き込んだのは経営者感覚。「サマランチ氏がいなければいまのオリンピックの繁栄はない」とは国際スポーツ界に共通する評価だ。

一方、その剛腕がさまざまなゆがみを生んだのも否定できない。本人も「ちょっと大きくなり過ぎた…」と呟いていた拡大路線は、五輪の肥大化や経費の高騰を招いた。ビジネス最優先の方向性は、ソルトレークシティー冬季大会の招致をめぐる大スキャンダルにつながった。重要案件の採決で、会長があえて「反対の人は挙手を」と求めると、誰もさからえなかった。「私はオーケストラの指揮者だ」とは言ったが、この指揮者は、全体を調和させるのではなく、すべてを自分の色に染め上げてしまうタイプだったのである。

ただ、個人としての素顔には人を惹きつける魅力があったようだ。IOCの各委員とは親密な関係をつくり、関係者にも目を配って親しく声をかけた。かつて筆者がバルセロナの自宅を訪ねた時は、手ずからコーヒーを入れてもてなしてくれた。周囲の心をつかむすべにもたけていたというわけだ。

「オリンピックはもっと近代化しなければならない」「IOCの会長職にあるのを非常に誇りに思っている」

かつて聞いた言葉はどれも確信に満ちていた。方向性はともかく、オリンピックの繁栄を第一に考える姿勢は一貫していた。

シドニーでは大会中に夫人が亡くなるという悲運に遭ったが、葬儀の後はまた戻った。◯一年の退任直後には倒れて入院した。強大な権力を保ち続けた裏側には、それだけの苦悩や労苦もあったに違いない。

File.88

# 長谷場《はせば》 久美《くみ》（1963－）

2004年アテネ大会など
ウエイトリフティング監督

## 子どもたちにかけた夢

オリンピック出場とはめぐり合わせだ。四年に一度のチャンスに、競技者としてのピークが合うかどうか。あるいは、自分の競技がいつオリンピック種目になるのか。わずかな違いが運命を分ける。選手はそれを受け入れるしかない。

ウエイトリフティング女子が二〇〇〇年のシドニーから五輪種目となるのはその四年前に決まった。知らせを聞いた長谷場久美がまず思ったのは「なぜ、いまなんだ…」だった。

「四年前ならメダルも狙えた。四年後なら、指導者として育てた選手を、と切り替えられる。なぜ、この中途半端な時なんだろうと思いました」

ウエイト女子の草分けの一人として全日本選手権を十三回制覇。世界選手権では三回連続銀メダル。ただ、五輪入りはなかなかなわず、決まった時は三十三歳になっていて、引退も考えていた。「なぜ、いま」と思わずにはいられなかった。

気を取り直して目指したシドニー。が、今度は故障に泣かされた。五輪出場の枠は限られている。万全でないまま、最終選考のかかった全日本では優勝したが、代表の座には届かなかった。その時三十六歳。オリンピックとのめぐり合わせは、わずかにかみ合わないまま終わったのだった。

経験豊富な第一人者は指導者となり、二〇〇四年のアテネ、その次の北京で日本代表の女子監督を務めた。アテネで思うような強化が進まなかったのを機に高校教師をやめ、石川県・金沢学院大コーチとなって指導に専念した北京では、教え子から代表選手を出し、出場選手全員が入賞という成績もおさめた。「やっとオリンピックを経験できた」というのがその時の感慨だ。

そしていま、オリンピックとの第三幕が開きつつある。石川県で知り合ったベテラン選手と結婚して浅田姓となり、奥能登の珠洲《すず》市に住んだのち、スポーツ推進事業をきっかけに、子どもたちにウエイトを教える「SUZU DREAM CLUB」を開いたのだ。幼児から高校生まで二十人ほど。夫妻で夕方から指導するボランティア活動だが、既に世界ユース選手権出場の選手も三人出している。

「この子らは私たちの夢です。最後まで自分の力で、自分の責任でオリンピックの舞台に立たせたい。『珠洲から世界へ、珠洲からオリンピックへ』です」

人口一万五千の小都市。が、クラブから日本代表が生まれる可能性は十分にある。その時、かつての女王は、ついに本物のオリンピックをつかんだと思うはずだ。

File.89

# 鈴木《すずき》 桂治《けいじ》

（1980-）

2004年アテネ大会　柔道

## 重圧も投げ飛ばした

鈴木桂治のアテネオリンピックは思いがけない形だった。二十四歳だった柔道男子の俊英は、自分の階級である100キロ級では選考会で敗れたものの、体重無差別の全日本選手権で難敵を次々と倒し、100キロ超級の代表をつかみ取ったのだ。「まったく思い描いていなかった」形での五輪出場が降ってわいたのである。

同じ重量級とはいえ、100キロ級と100キロ超級の違いは大きい。超級には体重一三〇キロなどという巨漢がいくらもいるし、パワーもけた違いだ。しかも柔道界が最も重視する階級でもある。100キロ級の選手が超級で出るというのは、すなわち二重、三重の苦労と重圧を背負うことを意味している。

だが鈴木はひるまなかった。それまでの経験によって、ひとつの確信が生まれていたからだ。

「重い選手というのは、ひとつ崩れるとそのまま倒れる。ある一定の角度に崩せば倒れるんです。そこまでもっていくのが大変ですけど、はまってしまえば大きい選手の方が投げやすいかもしれないですね」

大きいからといって怖れることはない。組み手や技のタイミングを工夫して崩しさえすれば一本を取れる。その確信が超級挑戦を勇気づけた。「（１００キロ級の）桂治で大丈夫なのか」の辛辣な声にも動じなかった。

迎えたアテネの本番では、そうして練り上げた巨漢相手の戦法がみごとに実を結んだ。前半は相手のパワーを耐えしのぎ、後半にスキを見つけて崩しにいく。初戦こそ判定になったが、続く三試合は内またで一本勝ち。「心臓はバクバクしてたけど、頭は冷静だった」のは、この困難な挑戦に向けてやるべきことはすべてやったという自信ゆえだろう。

決勝は優勝候補筆頭といわれたロシアのトメノフとの対決。1分17秒、小外刈りが一閃すると相手の巨体はふわりと飛んだ。金メダルにふさわしい、鮮やかな一本。それはまさに柔が剛を、技が力を制した勝利だった。

「その瞬間は、よっしゃーっ、やったぜという感じでした。でも冷静になってみると、ほんとに勝ってよかったと思いました。１００キロ級で代表になれず、超級の代表になったのに、お前で大丈夫かと言われた末に負けてしまったら、もう行くところがないですからね」

自分より大きな相手と戦う不安。超級にかかる期待と重圧。「大丈夫か」の声。背負った数々の重荷を、若き柔道家はトメノフと一緒にすべて投げ飛ばしてみせたのだった。

File. 90

# 赤石《あかいし》 光生《こうせい》

（1965－）

2004年アテネ大会　アフガニスタン選手団コーチ

## 遠い国に残した教え

オリンピックをめぐる赤石光生の経験は実に多彩だ。選手としては一九八四年のロスから九二年のバルセロナまで三回にわたって出場し、レスリング・フリースタイル62㌔級、68㌔級で銀と銅のメダルを獲得している。二〇〇〇年シドニーでは日本チームのコーチ。そして五度目はまったく思いもよらない形だった。

勤務するジャパンビバレッジでサラリーマン生活を送っていた赤石に、国際交流基金の事業として「釜山アジア大会に出場するアフガニスタン選手の指導を」という依頼が舞い込んだのは〇二年のことだ。内戦が終わったばかりのアフガニスタンに赴くと、カブールでは夜間外出禁止令が敷かれ、ロケット弾着弾の音が聞こえてくる有様だった。それでも腹をくくって二カ月間の指導を行い、釜山にもコーチとして帯同した。自分の身に危険が及びかねない中でも「めったにできない経験」と全力で取り組み、困難な任務をまっとうしたのである。

二年後、再び依頼が来た。〇四年アテネ大会に五人の選手団を送ることになったアフガニスタン。そこでレスリング関係者から「今度もぜひ赤石コーチに」の声が出たのだ。二年前の指導が厚い信頼となって残ったのだろう。

大会前は合宿先のギリシャで二カ月間の指導に当たり、アテネの本番には選手団コーチとして参加した。レスリング代表は男子55キロ級の一人のみ。実力も体力も不足していたが、再び精いっぱいの情熱を傾けた。

「心の弱い選手だったんです。だから気持ちから変えるようにしました。勝てなくても、1点でも相手から取れたら、国民に夢を与えられるんだ、君にはそういう責任があるんだよ、って」

グループリーグでは強豪のそろった組で完敗。それでも懸命に立ち向かい、心の弱さは見せなかった。やる気を引き出すために一緒に練習して肉離れにもなったというコーチの思いは、ちゃんと異国の選手にも伝わったというわけだ。

「日本ではあり得ないことがたくさんある。でも、その中でできることはめいっぱいやりました。僕の中ではすごく勉強になりましたね。国民に夢を与えるところにかかわれたというのは、ありがたい経験。一生の思い出です」

「僕が教えたことは、君たちが次の世代に教えてくれ」と言い残してきた。いま、当時の選手からは指導者も出ているという。はるばる日本から赴いたコーチの情熱は、遠い国で確かに引き継がれているようだ。

# File. 91

## 平《ひら》原《はら》 勇《ゆう》次《じ》（1972－）

2008年北京大会 バスケットボール審判

### 「決勝の重み」味わった

二〇〇八年の北京大会は男女とも出場できなかった日本のバスケットボール。だが、一人の人物が貴重な足跡を残した。審判の平原勇次である。

都立高校で教師を務める平原はその時三十六歳。国際審判員となってまだ四年目で、国際バスケットボール連盟が指名する五輪審判三十人のうちでもかなり若い方だった。思いがけない抜擢だったようだ。

ただ、本人は大役を担うことになっても、そんなに大ごととは考えなかった。もともと指導に役立てるために始めた審判で、オリンピックへのあこがれはさほどなかったのだ。さらに「高校生の試合でも五輪でも、常に同じように、淡々とやるのが審判」の信念もあって、重責にもあまり動じなかったのである。

実際、北京ではいつもと同じように試合に向き合った。「オリンピックであっても自分を変える必要はなかった。日本の審判はグループとしてすぐれているのを再確認した」一カ月だった。とはいえ、この大舞台ならではの重みはやはり感じないではいられなかった。

「重要な部分では絶対にミスが許されない。僕が笛を吹く吹かないが（判定ミスなどで）勝ち負けにつながったら大変なことになるな、と。それに、この国だけには負けられないと思っている選手も多い。あちこちにある火種を小さいうちに消していかなきゃいけません。それはオリンピックだからこそ、ですね」

最後にはもっと大きな出来事が待っていた。女子決勝の割り当てを受けたのだ。日本人審判が決勝を担当するのは一九六四年以来。これはさすがに特別だった。

「最初はどうなっちゃうんだろうと思いました。足が地についていなくて、走ってもフワフワしている。最初にファウルを取って、よし、これでなんとか（試合に）入れたと思いました」

それでも失敗があった。ファウルした選手の番号を記録担当に間違って伝えたのだ。すぐ訂正してことなきを得たが、「まず普通はあり得ない」ミスである。これも他にはない重みゆえだろう。

その分、試合を無事終えた充実感、解放感は格別だった。審判は三人制。ともに担当したギリシャとフランスの審判とは、その後も連絡を取り合っている。オリンピックならではの絆に違いない。

国際審判員の定年は五十歳。四十八歳で迎える二〇二〇年はもちろん目指している。「そうなれば、もっといいレフェリングを」の決意がその胸にはあるようだ。

File. 92

# 上野《うえの》 由岐子《ゆきこ》 （1982－）

2008年北京大会 ソフトボール

## 投げ続けていたかった

培ってきたすべての力を絞り尽くさねばならない戦いだった。一投一打に精魂を込める緊迫の大勝負。そんな激闘を「楽しくてたまらない」と感じていたのは上野由岐子である。

北京大会のソフトボール決勝トーナメント。初日、日本は午前中にアメリカと準決勝を戦い、惜しくも延長で敗れると、夕方には決勝進出をかけてオーストラリアと相対し、こちらも延長戦の末に勝利をおさめた。合わせて21イニング。マウンドに立ち続けたのは二十六歳の上野だ。

二試合目になると右手中指の皮がむけて投げるたびに激痛が走り、股関節も痛んだ。一次リーグからの疲労もあって、体はもう限界に近づいていたのである。それでもエースはまったくひるまなかった。

「これごときでマウンドを降りられるような、たやすい夢じゃないという思いが強かったですから。これでソフトボール人生が終わってもいいと思えるくらい、すべてをかけて臨んでいたんです」

アテネに続く二度目の出場。ソフトボールは次の大会でオリンピックから外れる。「やるべきことをやって、迷いなく迎えた」北京だった。必ず金メダルをつかむのだという固い決意がエースを駆り立てていた。

満身創痍のまま、翌日の決勝戦でアメリカに立ち向かったのも上野である。ランナーを背負っても後続を断つ粘りの投球。苦闘を支えた思いはこれだ。

「このマウンドを誰にも譲りたくない、ここから降りたくないという思いでした。それくらい投げ続けるのが楽しかった…」

「自分の体のことなんか気にならない。それより、もっといいボールを投げたい、もっとこうやって抑えてみたい、もっともっと投げたいと思ってました」

３－１でアメリカを破り、ついに頂点に立った。二日間の三試合で投げたのは実に４１３球。「ふだんにはない力が出た。投げながら自分が進化していく感覚があった」のは、後にも先にもない経験だった。ぎりぎりまで追い込む練習でひそかに蓄えられていた特別な力が、かつてない死闘によって体の奥底から引き出されたということだろうか。

その後は楽しみながら競技と向き合い、ソフトボールがオリンピックに復活する二〇二〇年東京も目指しつつある。そうして幅を広げてきた中でも、北京で味わったあの不思議な感覚には二度と出合っていない。「あれは神さまが勝たせてくれたんだ」と、三十代半ばに差しかかったエースはふと思ったりもする。

File. 93

## 武《たけ》田《だ》 大《だい》作《さく》（1973−）

2012年ロンドンなど5大会　ボート

### もっとうまく漕ぎたい

ずっと考え続けてきた。ひたすら追い求めてきた。武田大作は五度のオリンピックとともに、そうして競技人生を過ごしてきた。

愛媛のミカン農家に生まれ、愛媛大と同大学院に学び、ふるさとの地を離れずに取り組んできたのはボート競技だ。一九九六年のアトランタはシングルスカルで、続くシドニー、アテネ、北京、ロンドンの四大会はダブルスカルで出場した。日本にとって世界の壁が厚い、この競技。ひたすら追求してきたのは、「よりよい漕ぎで、世界の頂点に手をかける」ことである。

「スカッと軽い動き」で「ボートをより水平に動かす」。突き詰めれば、考え続けたポイントはその二つだ。言葉は簡単だが、これこそローイングの真髄に違いない。そのためにあらゆる試行錯誤を積み重ねてきた。やるべきことはほぼやり終えたと言ってもいい。そして何より望んできたのは、培ってきたものすべてをオリンピックの場で出し尽くすことだった。

「最高のパフォーマンスを、最高の舞台で出したい。ずっとそう思い続けてきました。ある意味、結果よりも『納得』したいと思ってきたんです」

最高の舞台とはオリンピックの決勝。そこで自分が納得できる漕ぎができさえすればいい。その望みは半ばかないかけ、だが実現には至らなかった。長谷等と組んだシドニー、浦和重と組んだアテネでは決勝進出を果たして6位入賞。これはオリンピックにおける日本ボート界の最高成績だ。が、メダルには手が届かず、「もっとできたという不完全燃焼」も残ったのである。

さらに技術を磨いて臨んだ北京では不運なコンディションの狂いに泣いた。三十八歳で迎えたロンドンは、代表選考に異議を申し立て、再レースに圧勝して出場をかち取ったが、その分の負担が準備不足につながった。ともに決勝進出はならず。

「世界でも戦えるのはわかった。でも、そこから上に行けなかったのは悔しい」。それなりの手ごたえと、それでもあと一歩が届かなかった悔い。五度の五輪を戦い終えた心の中では、さまざまな感情が複雑に入り交じっている。

リオは目指さなかったが、四十代となっても、実家のミカン農家の仕事をしつつ、大会に出続けてきた。二〇二〇年の東京も頭の片隅には残してきた。武田大作は根っからのボート選手なのだ。「もっとうまく漕ぎたい。もっと速く漕ぎたい」の思いが、その胸から消えることはない。

File.94

## 小原《おばら》 日登美《ひとみ》

（1981－）

2012年ロンドン大会　レスリング

「大逆転」でつかんだ金

決勝は厳しい戦いとなった。二〇一二年ロンドン大会のレスリング女子・48キロ級。小原日登美と、アゼルバイジャンのマリア・スタドニクが金メダルを争ったのは予想通りだ。が、小原にとってライバルのパワーアップは予想以上だった。第1ピリオドを取られると「負けるかも」の思いが頭をよぎった。

その時気づいた。右構えだが左にタックルに入ってくるスタドニクには、右に回らなければいけない。そこが徹底できていなかったのだ。「それだけを意識していればいい」と思うと、戦いは小原のペースに変わった。実はコンタクトレンズが外れて試合時間の掲示も見えなかったのだが、それによって残り時間など気にせず、「無心でやってきたことを出す。攻め続けるんだ」と決意していたのも集中力を増したのだろう。

第2、第3ピリオドは相手を圧倒して試合を決めた。金メダルをもたらした鮮やかな逆転勝ち。そして振り返ってみれば、小原日登美の競技人生は、この大一番と同じく、挫折や逆境からはい上がる大逆転の連続だった。

旧姓は坂本。妹の真喜子とともに女子レスリングを牽引してきたが、そこには常に不運がつきまとっていた。十九歳から世界選手権を勝ち続けてきたのに、オリンピックにその51キロ級が入らなかったのだ。48キロ級の妹と戦いたくはない。仕方なく55キロ級に上げると、そこには無敵王者の吉田沙保里がいた。アテネ出場を逃し、自衛隊体育学校に入って復活したものの、北京では代表になれずに一度は引退。妹の引退を受けて48キロ級で再起してからも、故障や「逃げ出したい」ほどの重圧に悩まされてきた。そんな紆余曲折のすべてを、元選手の夫・小原康司の励ましを受けつつ、三十一歳で迎えたラストチャンスで金の輝きに変えたのである。

「大会前には、オリンピックを目指せることが幸せなんだ、勝ち負けよりも自分のやってきたことを出すだけ、という気持ちになれました。いま自分がやれることをやろうと思えました」

「挫折を経験していたのも逆に大きかった。プラスになりました。それと、支えてくれた人たちがみんな同じ気持ちになってオリンピックを目指せたことも、最終的に金メダルにつながったと思います」

「人はどこからでもやり直せる」。いつも胸に刻んでいた父の言葉の確かさを最高の形で証明して、彼女は山あり谷ありの選手人生をみごとに締めくくったのだった。

## File.95

# 石原《いしはら》 奈央子《なおこ》（1974–）

2016年リオデジャネイロ大会　クレー射撃

### 「変わらなければ」の決意

このままでは太刀打ちできない。何かを変えなければいけない。その決意が石原奈央子にリオ大会への道を開いた。ロンドン大会のアジア最終予選に敗れた時のことだ。

千三百年の歴史を持つ栃木県鹿沼市の古峯神社に生まれ、宮司の父、祖父ともにクレー射撃の選手という中で、イギリス留学をへて三十二歳から本格的に競技の道に入った。モスクワ大会の幻の代表だった父と同じく、種目はスキート。だが国内では女子のトップに立ったものの、ロンドンの予選は完敗に終わる。「日本で一番になって喜んでいてはいけない。オリンピックで活躍できるようにならなければ」と思いきわめて向かったのはイタリアだった。名選手、名コーチとして知られるアンドレア・ベネリーを訪ねたのである。

「日本の射撃は遅れている。だったら世界のトップを育てている人に直接聞いてみよう」とイタリアに通い、指導を受けた二年半。そこには、それまで受けたことのない教えがあった。「ああ、そうだったのか、そういうことだったのか、と。まず言われたのは、射撃は技術が二十パーセント、あとは心の問題、ということ。技術面でも、コンパクトな射撃をするための体の動かし方を教えていただきました。射撃ではこんなことも教えてくれるんだという驚きがありましたね」

試合の中での心の持ちよう。スムーズな射撃のための、具体的な体の使い方。国内では出合わなかった指導が彼女を変えた。その成果がリオに向かうアジア最終予選の勝利だ。「変わらなければ」と固く決意して名コーチの懐に単身飛び込んだ行動力が、スキートでは日本女子初となるオリンピック出場をもたらしたのである。

ただ、リオの本番では思ったような射撃はできなかった。決勝ラウンドには進めず、18位。「ちょっと浮足立っていた。足が地についていない感じ」だったという。力を出し切るためのコントロールができたアジア最終予選。が、オリンピックはまた違う舞台だったというわけだ。

「まだまだ足りない部分がたくさんあったんです。トップの人たちに追いつくには、何十倍も練習しなきゃいけないんですね」

古峯神社の神職を務めながらの競技生活。オリンピックの厳しさを十分に知ったところで二〇二〇年の東京を目指している。練習場は、石原家が明治初年に開いた射撃場だ。脈々と流れる一族の情熱も、彼女を後押ししているに違いない。

File.96

# 水球代表チーム

## 世界の常識、覆した

2016年リオデジャネイロ大会　水球

二〇一六年のリオ大会で、水球の日本代表チームは三十二年ぶりのオリンピック出場を果たした。長い空白を埋めたのは、それまでの戦術とは百八十度異なる戦い方である。常識を覆したのは監督の大本洋嗣だ。

体格に恵まれたチームが世界の上位に並ぶ水球。パワー勝負の傾向が強く、小柄な日本は苦しい戦いを強いられてきた。善戦はしても、守りに追われるばかりで、なかなか点が取れない。自らも長い代表選手歴を持ち、一度は監督も務めた大本は、その根本的なところに疑問を抱いたのだ。

「一生懸命守るんだけど、シュートも打てないんですね。それでは見ていても面白くない。シュートを打って惜しくも外れて負けたというのならいいけど、守りばかりで負けてしまうのはすっきりしないな、と。どうせなら、もっと思い切って攻めた方がいいと思ったんです」

二〇一二年、再び代表監督に就任して打ち出したのは「超攻撃的」の方針。そこから生まれたのが、常識を覆す「パスラインディフェンス」だった。

相手選手とゴールとの間に入るのが一般的な守り方である。それを、相手の前に出てパスのラインを守る形に改めた。ボールを奪えば一気に攻撃に転じ、ノーマークでシュートが打てる。一方、失点のリスクは大きいし、相手を上回る泳力も必須。もろ刃の剣の大勝負だ。「失点してもいい。守りと攻めはワンセット。15対14で勝てばいいんだ」という監督に、最初は選手も反発した。「言うことを聞くな」の声まで聞こえてきたという。が、過去にこだわりのない若手を中心に新戦術は着実に浸透し、国際試合で結果が出ると自信も生まれた。そしてついにアジア最終予選を制して、念願の出場を果たしたのである。

リオでは一次リーグ五戦全敗。しかしギリシャやセルビアといった強豪と互角に近い戦いを繰り広げ、世界が日本を見る目は変わった。パスラインディフェンスが「ジャパン・プレス」と呼ばれるようになったことからも、世界の強豪が並々ならぬ関心を寄せているのがわかる。「方向は間違っていなかった」とはチーム全体の確信だ。

二〇一七年の世界選手権では史上最高の10位となった。挑戦はまた一歩進んだ。「日本のプレーで結果を出して、水球はもっと面白くなると伝えたい」と監督は壮大な夢を抱き、選手たちは「これを完璧につくり上げるのは自分たちしかいない」の決意を固めている。

コラム

Column

# 6

## 「模索の時代」を超えて

国際オリンピック委員会（IOC）が「アジェンダ2020」を打ち出したのは二〇一四年のことだった。今後のオリンピックの改革案を20＋20の四十項目にまとめたものである。これにはなんとも驚いた。あのIOCが、これまでとは百八十度違う方針を打ち出していたからだ。

四十の項目はきわめて幅広く、多岐にわたっているのだが、何より注目を集めたのは、オリンピック大会への持続可能性の導入として打ち出されたいくつかの指針だった。「複数の競技または種別を開催都市以外で、例外的な場合は開催国以外で実施することを認める」「既存施設の最大限の活用、仮設の施設の活用を積極的に奨励する」「運営経費を削減し、運営ではより柔軟性を持たせる」「大会招致経費を削減する」——などである。これらは、それまでのIOCの方針とは正反対といえるものだった。つまりは、そうしなければならない理由、姿勢を百八十度変えなければいけない状況がそこにあったということだ。

一九七六年のモントリオール大会の財政破綻で、一度は消滅の危機にも直面したオリンピックは、一九八四年のロサンゼルス大会をきっかけとして息を吹き返し、急上昇へと転じた。民間資金導入による独自財源確保の方式が大成功をおさめたのである。高額なテレビ放映権料や、一業種一社に絞ったスポンサーシステムが豊富な資金を生み、オリンピックとIOCを潤した。これによって、破滅の淵に立たされていたオリンピック大会は、一転してかつてない繁栄の道を突き進むことになる。以来、いまに至る急ピッチの発展は誰もが知っている通りだ。近代オリンピックの歴史は、紀元前とその後のように「ロス以前」と「ロス以後」でくっきりと分かれていると言えるだろう。

だが、これまたよく知られているように、いわゆる「商業主義」の成功は、結果としてビジネス最優先の姿勢を生み、大会の肥大化をもたらし、とどまるところを知らない経費の膨張を呼んでしまった。開催国・都市は過剰な負担を強いられることになった。「カネになるオリンピック」は、しだいに「カネのかかるオリンピック」になったのである。「カネを生む」のはよかったが、今度はそのカネに振り回されるようになったというわけだ。

そこでどうなったか。オリンピックはその規模と豪華さを大会ごとに増していったが、世界のスポーツの祭典という本来像は薄れ、オリンピックビジネスのためのショーイベントに姿を変えた。主役であるべきスポーツが、ビジネスの要素のひとつに成り下がったとも言えるのではないか。加えて、カネの成る木は勝利至上の考え方を強め、その果てにドーピングの蔓延を招き寄せた。そしてついに、大会経費の高騰は、オリンピックを開催しようとしていた都市が次々と背を向けていく状況をつくり出してしまったのである。

まずは冬季大会から始まった。招致に向けて動いていた都市が相次いで辞退、撤退していくのだ。そのことを思い知らされたのが二〇二二年大会の開催地決定だった。招致に立候補していたヨーロッパの有力都市が、経費膨張を懸念する地元市民の反対によって次々と消えていき、最終的には北京とアルマトイ（カザフスタン）しか残らなかったのである。結局、開催都市が、夏季大会を開いたばかりで、冬季競技にはあまり縁のない北京となったのはまだ記憶に新しい。二〇二六年大会招致でもその状況は続いている。

冬季ばかりではない。夏季大会でも、有力と思われた候補都市が背を向ける流れが現れている。ＩＯＣが二〇二四年と二〇二八年の開催都市を同時に決めたのも、どんどん減っていって二つしか残らなかった候補都市をともに生かそうとする狙いがあったからだ。近年までは候補が列をなし、激しい争いが繰り広げられたオリンピック招致。なのに、それが大きく変わった。以前の常識では到底信じられないことだろうが、オリンピックはもはや「歓迎されざる」存在になりつつある。

これはかつてない危機と言うしかない。ＩＯＣが「アジェンダ２０２０」を出したのはその危機感のゆえだ。

一九八四年の画期的な成功以来、ＩＯＣは一貫して商業主義を推し進めてきた。より巨大に、より豪華にという路線の先頭に立って推進の旗を振ってきた。それがここまでの発展をもたらしたのは間違いない。「ファン・アントニオ・サマランチ」の項にもあるように、商業化路線の徹底がなければ、その後のオリンピックの繁栄はなかったと言い切っていいだろう。

空前の繁栄を謳歌しているころ、ＩＯＣは招致を望む都市に対して厳しい姿勢を崩さなかった。完璧な計画立案を求め、開催都市が決まると、施設などのすべてに関して最高、最上、最新であることを要求した。そうでなければ最終選考にさえ残れなかった。

ただ、多額の経費を投入してそこまでのレベルを満たさねばならないとなれば、開催が可能な都市はおのずと限られてくる。世界有数のスーパー大都市か、政府が強大な権力を押し通せる国でなければ開けないというわけだ。そうでなければ財政面で立ちいかなくなり、たとえ立候補しても住民の反対で断念せざるを得ないのは目に見えている。それでは、世界がひとつになるスポーツの祭典として、さまざまな国、さまざまな文化のもとで開いていくというオリンピックの理想からはかけ離れるばかりでしかない。

ことがそこに至っては、いかなＩＯＣといえども考え方を変えないわけにはいかなかった。候補都市、開催地に対する厳しい姿勢も修正せざるを得ない。そこで、原則や建前に強くこだわり、常に我が道を貫こうとする誇り高い組織が、その大原則を崩したり、これまでの方針を大転換するまでの決断に踏み切ったのだ。

たとえば――。オリンピックの一都市開催は、まさしく原則の中の原則だった。もともとオリンピック憲章では、冬季大会の一部を周辺国で開くのを許可することがあるとされているし、夏季大会でもサッカーなどの予選は他の都市で行うのが通例となっている。とはいえ、冬季に限らず、複数の競技を他都市で、場合によっては他の国で行うのを明確に容認したのは、すなわち何より大事にしてきた大原則にもこだわらない姿勢を明らかにしたのは、なんとも驚くべき変身と言わねばならない。候補都市にもこと欠くようでは、もはや原則などにこだわってはいられないというわけだ。

さらに、既存や仮設の施設の活用を奨励し、大会経費の削減方針を宣言したのも、これまでとは正反対の方向性を指し示すものだった。四十もの提言の一部とはいえ、そこに含まれた意味はきわめて大きいと感じる。繁栄が続くただ中で「アジェンダ２０２０」を出したということは、多くの都市がオリンピックに背を向けるようになった状況に対して、いかにＩＯＣの危機感が深かったかという一点を表していると言っていい。

もちろん、それですぐに何かが変わり始めるわけではなかろう。現在のオリンピックは多くのビジネスによって成り立つ巨大な複合体である。進路変更はそう簡単ではない。しばらくはこれまでのままのオリンピックが続くはずだ。

だが、これだけははっきりしている。空前の繁栄のただ中を突っ走ってきたオリンピックは、いま、まさに大きな曲がり角に差しかかっているのだ。そのことは、ここまで書いてきた数々の状況が証明している。オリンピックの主宰者たるＩＯＣ自身が深刻な危機感を抱いていることも、あの「アジェンダ２０２０」ではっきりしている。この曲がり角で進む方向を間違えれば、その先には衰退が、ことによれば破局への入り口が待っているかもしれないのである。

オリンピックは世界中の共通財産なのだ。そこにはさまざまな可能性がある。多くの人々がその存在を大事に思っている。となれば、それを衰退させるわけにはいかない。オリンピックのありようをあらためて見直し、本来あるべき姿に戻して、貴重な財産として未来へと引き継いでいかねばならない。ＩＯＣをはじめとする各国のスポーツ人たちには、現状を真摯に見直し、より望ましい将来像を追い求めていく義務が課せられている。

オリンピックはさまざまな時代をくぐり抜けてきた。黎明期もあれば再出発の時期もあり、過渡期も発展期も激動の時代もあった。これからの時期を、未来の人々は、オリンピックの新たな姿、新たなありようを探し続けた「模索の時代」と呼ぶかもしれない。

オリンピックがこれからどうなっていくのか。どう変わっていくのか。外から見守っている側として、そこをはっきり見通すのは難しい。が、ひとつつけ加えておきたいのはこのことだ。オリンピックは、スポーツ界やビジネスの世界だけのものではない。オリンピックを愛するファンのものでもある。開催地の市民、国民のものでもある。とすれば、我々もそこにかかわることができるのではないか。一般の市民も積極的につながりを持つようになれば、それもまたオリンピックをよりよい方向に導く力のひとつになるのではないだろうか。

市民の積極的なかかわりとしては、身近にひとつの例がある。一九九八年の長野冬季大会で行われた「一校一国運動」だ。

長野市内のすべての小中学校、特別支援学校が取り組んだのは、それぞれに相手国を定めて勉強や交流を行うという活動である。その国の文化や歴史、言葉を学び、相手国の子どもたちと手紙のやりとりをし、大会が始まってからは応援メッセージを送ったり、選手団を招いての交流会を開いたりした。ホストシティーとして、ただ選手や観客を受け入れるだけでなく、オリンピックという機会を生かして子どもたちの心に異文化への橋を架けたというわけだ。

この運動に対する高い評価は、「ワンスクール・ワンカントリー・プロジェクト」として、その後のオリンピック大会にも引き継がれたことに表れている。二〇〇〇年シドニー、二〇〇二年ソルトレークシティー、二〇〇六年トリノ、二〇〇八年北京など、こうした形のプロジェクトが実施された大会は数多い。元祖となった長野では、いまも一部で交流が続いているという。「一校一国運動」を提唱したのは、長野市で国際親善のボランティア活動を続けてきた一人の企業経営者だった。市民の中から生まれた運動が実を結び、国際的にも広がっていった稀有な例として、これはオリンピック史にも残るだろう。

一方、大会ボランティアになれば、オリンピックに直接かかわることができる。観客、関係者の案内やセキュリティチェックなどのサポート、競技運営やメディアのサポート、通訳、関係車両の運転など、その役割は幅広い。また、街中などで内外の観光客の案内にあたる都市ボランティアも活動する。あらゆる面で巨大な大会を滞りなく進めていくためには、数万人に及ぶボランティアの力が欠かせないのである。オリンピックの閉会式で、ＩＯＣ会長と組織委員会トップが必ず、「あなたたちがいなければ大会の成功はなかった」などとねぎらうのは、けっして外交辞令ではない。

ボランティアの存在をいっそう際立たせたのが二〇一二年のロンドン大会だった。この時、大会ボランティアは「ゲームズメーカー」と、都市ボランティアは「チームロンドンアンバサダー」と、それぞれ名づけられた。単なる裏方、目立たない脇役などではなく、彼らこそが大会をつくる役割を担い、また街の顔となる存在なのだという意味が、そこには込められていたのである。実際、ロンドンでのボランティアの働きは総じて高い評価を受けたようだ。「ゲームズメーカー」の命名が、彼らの秘めた力をいっそう引き出すことになったのではないか。

二〇二〇年東京大会では、八万人の大会ボランティア、三万人の都市ボランティアが活動する。大会ボランティアには、八万人に対して二十万人を超える応募があった。そのうちの三十六パーセントを外国籍の人々が占めている。オリンピック・ボランティアへの関心はますます高まり、そのありようはますます国際的になってきたということだ。オリンピック大会を自分たちの手でつくり上げようとする、多くの市民の情熱。それもまた、オリンピックの未来を切り開く大きな力となるに違いない。

# 第9章　2020へ

2020 東京

※本章の記述は 2019 年 4 月現在のデータにもとづいています

# File. 97

## 金戸《かねと》ファミリー

飛び込み

### 「一体感」で支え合って

家族全員が飛び込み競技に取り組んでいる。が、プールから家に帰ると、競技の話はほとんど出ない。縁の深いオリンピックについても同じだ。そう決めているわけではないが、それが金戸家の日常だという。言葉はなくとも互いに深く理解し合っている一体感が、そこにはいつも温かく流れているのだろう。

ローマ、東京の二大会に出場した金戸俊介、久美子夫妻。その息子である恵太と幸（旧姓・元渕）の夫妻はソウル、バルセロナ、アトランタの三大会に出場し、ともに入賞を果たした。三世代目となる長女の華（大学生）、長男の快（同）、二女の凜（高校生）も競技の一線で活躍している。飛び込みはまさに金戸一家のDNAだ。

ただ、それは家業のように引き継がれてきたわけではない。「親にやれと言われたことはない。逆に、いつやめてもいいと言われていた」と恵太が語るように、それぞれが自然に水に親しむようになり、自らの意思で競技者の道を選んできた。三人の子どもたちも「親とは関係なく、自分自身が成長しないと結果はついてこない」のを自覚しているという。両親も祖父母も名選手という環境だからこそ、かえって「自分の演技自体に集中する」意識が強いというわけだ。

とはいえ、もちろん一家の絆は強く、それが支え合う力ともなっている。

「みんなが競技を経験しているから、嬉しいことも悔しいこともわかるし、理解も深い。説明する必要もない。悩みも共有できます。スポーツを一生懸命やるのは素晴らしい、元気に頑張ることに意義があるんだという思いも共有していますからね」

そうした中、三人のきょうだいはみな、二〇二〇年の東京を目指す時期に差しかかっている。とりわけ注目を集めているのは二女の凛だ。中学生でナショナルチームの最年少メンバーとなり、コーチである父をも驚かせるほどの急成長を続けてきた。二〇〇三年生まれで、七歳から本格的な練習を始め、一躍ホープの座に躍り出た若い力。今後への思いはこうだ。

「レベルの高い海外の選手に勝てるようになりたい。まだまだ遠いけど、自分もそれくらい上手になって第一号のメダルを取りたいと思います」

選手、指導者として息長く貢献してきた初代。現役引退後も指導一筋で奮闘する二代目。そしていま、三代目の若者たちが新たな時代を開きつつある。

File. 98

# 青梅のカヌー

カヌー・スラローム

## ここから世界の頂点へ

東京・青梅市は奥多摩の山々を間近に望む自然豊かな街だ。この人口十三万余の小都市には、オリンピックへと通じているひとつの流れがある。ふるさとの大河・多摩川を舞台として地元に根づいたカヌーのスラローム競技である。

中心には藤野強がいる。一九六二年、青梅で生まれ、多摩川でカヌーに親しみ、バルセロナ、アトランタの二大会に出場した。現役を退いた後、青梅市カヌー協会に強化部という形でクラブチームをつくって選手育成を始めたのは、奥多摩の御岳渓谷をはじめとする地元の自然を生かしてカヌーを広め、自分がなし得なかったオリンピックでの上位進出の夢を後輩たちに託すためだ。

「青梅という素晴らしい環境の中でこそ、このスポーツは生きてくる。一から育てた地元の選手に、ここから世界に行ってもらいたいんです」

「『メード・イン・オウメ』でオリンピックのメダルを」「コーチとしても、選手の時と同じ情熱をそそぐ」——の信念は少しずつ実を結び、これまで三人のオリンピアンが育った。そして二〇二〇年の東京へ向けても教え子たちが力強く歩を進めている。

女子でU23日本代表の三島廉は日体大生。男子の瀧口将矢、武藤裕亮は中学三年からジュニア日本代表となった高校生。みな小学生から競技を始めているのは、カヌーが地元で親しまれる青梅で生まれ育ったからこそだ。「他の県にはない環境。先輩から話を聞くと、自分もオリンピックへ行きたいと思う」（三島）「いろんな選手が練習に来たりするので、すごくいい場所だと思う」（武藤）「東京大会、目指してみたい」（瀧口）——といった言葉は、まさしく生粋の青梅っ子ならではのものだろう。

クラブの選手はジュニア、シニア合わせて二十人ほど。藤野たち五人が指導にあたっている。仕事をしながら無償で指導を続けるコーチ陣と、遠くに通学していても休みなしの練習に通ってくる教え子たち。熱心な活動にこたえて地元企業の支援も始まった。一部選手の強化だけでなく、普及活動も進めて地元カヌーの土台を広げ、そこからオリンピアンも育てていこうという壮大な理想は、しだいに現実へと近づきつつあるようだ。

多摩川沿いの公園の一角に小さなクラブハウスがある。ミーティングで選手が集まれば、それだけでいっぱいになる狭い小屋。だが、そこからは未来への鼓動が高らかに聞こえてくる。

File. 99

## 宇《う》津《つ》木《ぎ》 麗《れい》華《か》（1963－）――ソフトボール監督

### すべて出し尽くしたい

中国で生まれ、ソフトボールに出合って才能を花開かせ、日本にやって来てさらに大きな存在となった。他の誰にもない経験が詰まった競技人生を過ごし、五十代半ばに差しかかったところで、宇津木麗華はこの決意を固めた。

「自分がいままで経験してきたものを、東京で全部出し切ろう。これを総決算にしてみよう」

北京出身で、十代半ばから強打者として活躍し、二十五歳で来日して、その七年後に国籍を変えた。当初は大会で中国と当たると、「打っていいだろうか」と思ってしまうほど悩んだという。だが、日本代表となり、シドニー、アテネの両大会にも出場するうちに、悩みやとまどいは消えた。「二つの国の心を持つ」人間として、こだわりなく競技に集中できるようになったのである。

四十一歳で現役を引退してからは、ずっと所属してきた実業団の日立高崎（のちルネサス高崎、現在はビックカメラ高崎）の監督を務め、また日本代表ヘッドコーチとして二度の世界選手権優勝も果たした。いったん退いたが、二〇二〇年の東京で、オリンピックに復活したソフトボール代表をぜひとも率いてほしい人物だとは、誰もが思うところだった。二〇一六年末、代表ヘッドコーチに復帰。こうして、そのソフトボール人生が、いよいよ「すべてを出し切る」ための舞台を迎えることになったのだ。

「オリンピックは特別です。東京で金メダルを取れば日本中が盛り上がる。ソフトボール、もっともっと人気になりますね」

二大会にわたって五輪競技から外れた。ソフトボールの発展にはオリンピックが何より大事。それもまた「出し尽くす」決意をより固くしているようだ。

明快な方針がある。「トップになるにはすぐれた人間性が必要。まず人間性を身につけさせる」「アメリカに勝たなければ世界一にはなれない。団結心とチーム力。国民の皆さんと一緒にアメリカを倒したい」「日本一の練習ではダメ。世界一の練習をする」――そのためには自分自身も高めていく。「逃げないで何でも勉強し、挑戦していく」のが一番のモットーだ。

「中国で生まれて、いろんなことを教えてもらって成長しました。日本に来て、またたくさんのことを教えてもらった。二つの国の素晴らしさを結びつけていきたいという気持ちは常に持っています」

友好を深める場でもあるオリンピック。彼女ならではの存在感は、そこでも光るはずだ。

File. 100

# 野《の》口《ぐち》 啓《あき》代《よ》
（1989－）

スポーツクライミング

## 一番高いところまで

野口啓代は木登りが大好きな少女だった。生まれは茨城・龍ケ崎市。かつて牧場を営んでいた実家の広い敷地には、意欲をかき立てる木がいくらもあった。

「高いところが好きで、庭の木はほとんど登りましたね。ぎりぎり大丈夫だという高さの木も、一本ずつクリアしていきました」

そこで出合ったのがスポーツクライミングである。人工の壁にホールドを取りつけ、多彩なテクニックやバランス感覚を駆使して登攀する競技は、どんな高い木にも臆せず挑む少女をすぐさまとりこにした。小学六年生で全日本ユース大会優勝。十六歳で世界選手権の3位に入ってからは一直線に突き進み、たちまち世界の頂点の一角に上り詰めた。大学には入ったが、すぐにやめて競技専念のプロクライマーに。以来、日本の女子競技をほとんどゼロから切り開いてきた。若い力が次々と出てきている日本のクライミングだが、それも彼女の先導あってこそだ。

3種目ある中で最も得意とするのは、高さ五㍍ほどと低いが、きわめて多彩なテクニックを要するボルダリング。これまでW杯で二十一回、日本一を決めるジャパンカップでは十一回の優勝を重ねてきている。始めたころは「勝手に体が動いて」登っていたが、レベルが上がってからは自分になかった動きやトレーニング方法を学び、登り方の幅を大きく広げてきた。

そしてオリンピック競技となった二〇二〇年東京。ただ、その決定には嬉しさの反面、悩むところもあったという。

「そこまでトレーニングをし続けて、トップで走り続けるのはすごく大変なんです。それに、クライミングにとってはほんとに初めてのことなので、イメージができなかった。でも最終的には頑張りたいと思えたし、オリンピックを実際に体験して、どんなものか知りたいという気持ちにもなりました。出てみないとわからない面白みが絶対あるだろうなと思うんです」

こうして、はっきりと東京を視野に入れた日々が始まった。オリンピックはボルダリングに加え、高い壁をどこまで登れたかで決まるリード、速さの勝負のスピードを合わせた3種目の総合で競う。それぞれに課題を見つめ、ひとつひとつ埋めていくつもりだ。勝つために何が必要なのか、常に探し続けていくのも欠かせない。

難しい壁のポイントを一瞬で見抜いて攻略していくのがボルダリングやリードの醍醐味である。先駆者はいま、初めて出合うオリンピックという高い壁をどう上り詰めるか、その道筋を鋭く見据えているところだ。

File. 101

# 長島《ながしま》 理《おさむ》（1979－）

パラバドミントン

## 「一期一会」の大舞台へ

中学からバドミントンを始めて、ほとんど途切れることなく精力的に競技を続けてきている。その間、ラケットを手放したのはおよそ一年だけ。二十歳で不運な車の事故に遭った長島理は、だが、すぐさま車いすに乗ってコートに戻ったのである。

高校時代は埼玉県でベスト8の実績があったが、障害者クラブで練習を再開した当時は、さすがに思うようには動けなかった。「短い距離の方がかえって取れない。もどかしい思いがあった」。車いすバドミントン自体も、国内ではまだルール整備の段階で、競技者も少なかったという。それでも、二年ほどすると車いすでのプレーが軌道に乗った。先輩たちの動きを見て、「これは一生懸命練習する価値がある」と思うようになったからだ。

ラケットワークに車いすを操る技術が加わり、プレーの質は一気に上がった。日本障害者バドミントン協会が二〇一五年に日本障がい者バドミントン連盟と変わり、日本選手権も新たな形となったが、旧時代からの通算では十四回優勝。世界選手権銅メダルの実績も残している。車いす生活になってもスポーツをあきらめなかった強い心が、彼を第一人者の座に押し上げたのである。

二〇二〇年東京でバドミントンがパラリンピックの新種目となるのが決まった時の思いは複雑だった。もちろん出てみたい。が、そのためには生活を変えねばならない。千葉大大学院を出た後は建材・住宅設備機器メーカーの「ＬＩＸＩＬ」で研究職につき、防汚技術で成果を挙げてきている。やりがいのある仕事と、楽しみとしてのバドミントン。パラリンピックを目指すのなら、しばらくは競技に比重を置かねばならない。悩んだ末、やってみようと決断した。

「仕事と競技、そのバランスを保ってきたのを変える覚悟があるのかと自分に問い続けました。だけど、バドミントンはいましかできないし、支えてくれる方々の応援も感じていたので、かけてみるだけの価値がある、と。これもある種の一期一会で、チャンスがある人間にとっては責務でもあるのかなと思いました」

会社の支援で、二〇一七年からは勤務時間が少し短くなった。週五回の練習。課題は多く、残された時間は少ない。国内の競争も激しく、その先にはトップを占める韓国勢が待っている。メダルへの高いハードル。「乗り越えれば、きっと素晴らしいものが待っている」と自らに言い聞かせつつ練習に励む日々である。

File. 102

# 喜《き》友《ゆ》名《な》 諒《りょう》（1990－）

空手・形

## 「強さ」伝わる演武を

「相手を砕くような、殺気を感じさせるような強さを」と喜友名諒は語る。対戦相手と直接ぶつかり合うわけではない。一人で演武する空手の「形」競技。だが、実戦であれば本当に相手を倒し去るだけの力強さや迫力をすべての技に込めていくというのが、その言葉の意味だ。

「武道の本質を外れないように、無駄な動きはしない。競技となると表現だけがオーバーになる場合もありますが、自分は本当に相手を倒せる突きや蹴りを意識しながら形を打っています」

二〇二〇年東京大会でオリンピックの正式種目となった。組手と違い、一対一の対戦ながら、一人ずつ演武を行って、採点で勝敗を決していく。さまざまな技が流れるように繰り出され、その気迫が見る者の心を揺さぶる新種目は、他の競技とは違う味わいを大会にもたらすだろう。そして最も頂点に近いといわれるのが喜友名である。

沖縄で生まれ育ち、五歳から空手に親しみ、大学卒業後は自ら道場を開いた。中学時代から指導を受けている劉衛流の佐久本嗣男師範のもとで休みなしの稽古をし、自分の道場でも弟子を教える空手一筋の生活。隔年の世界選手権では二〇一四年から三連覇を果たし、全日本選手権は七連覇している。空手が東京の新種目に決まって固めた決意はこうだ。

「自分が現役で、世界チャンピオンでいる時に決まった。こんなチャンスはありません。必ず最高のメダルを取るんだと思っています。沖縄発祥の空手を、日本の代表として世界に発信していきたいという強い気持ちがあります」

そのためには、いま第一人者の座にあろうと、現状にとどまっているつもりはない。試合で演武するのは八つの形。大会出場のたびに見つかる課題に取り組みつつ、「毎日、死にもの狂いで稽古をして、少しずつでも進化させていく」決意だ。まだまだとは思いつつも、初めて世界王者になった時とその後とでは、「レベルは全然違う」実感もある。

「理想は、内面も強いと思わせる演武です。競技者や観客すべての人々に感動を与えられるような、『強い』『すごい』と思われる演武をしたい」

若き王者の目標である。ふだんの生活の中でも、ふと気づくと手が動いているのは、一瞬たりとも空手のことを、理想の形の実現を忘れていないからだろう。まだ見ぬ大舞台を頭に浮かべつつ、稽古に打ち込む日々が続いている。

# File. 103

## 宮崎《みやざき》 大輔《だいすけ》（1981－）

ハンドボール

### いつか必ず、あの場所へ

ずっと追いかけてきた。今度こそと思いながら挑んできた。まだ見ぬオリンピック。いま、その夢が宮崎大輔の目の前に近づきつつある。

日本のハンドボール男子はソウル以降、オリンピックに出ていない。若くして日本のエースとなった宮崎は、アテネからリオまでオリンピック予選を四大会にわたって戦ってきたが、あと一歩届かなかった。アジアの出場枠はひとつ。アテネの予選では勝ち点で並びながらも敗退となったように、その差は常に紙一重だった。「今度は必ず」と思っても、出場権はいつもエースの手からすり抜けていくばかりだったのである。

「ここで1点、僕が決めればという悔しさもありました。1点の重み、1点をどう取るかの難しさ。それでスペインにも行ったんです。もっともっとできることがあるんだと気づかされました」

世界トップクラスのスペインリーグで活躍し、プレーの幅を広げた宮崎は、さらに競技全体を盛り上げるための行動にも打って出た。ハンドボールをメジャーにしたい。魅力に気づいてほしい。そのためにテレビのバラエティーにも積極的に出た。各競技のトップ選手がさまざまな種目で総合力を競う番組には四回出場して優勝三回。そこまで力を入れたのは、「1位でないと、どんな競技なんだと注目してもらえない」からだ。

そのミスター・ハンドボールに、見果てぬ夢の実現が訪れようとしている。二〇二〇年東京。その時は三十九歳になるが、開催決定以来、ずっとそこを見据えてきた。開催国として出場は決まっている。ただ、それで満足するつもりはない。

「出るだけじゃなく、勝たなきゃいけない。メダルをどう取るか、です。東京はスタートライン。そこからどう強くして、盛り上げていくかも重要なんです」

それにはまず代表の座をかち取らねばならない。二〇一七年シーズン、宮崎は三十六歳で新たな挑戦を始めた。日本リーグの大崎電気では慣れ親しんだセンターのポジションにいるが、日本代表では左サイド転向を求められたのだ。一から違うプレーを身につけねばならない。だが、切り替えてさらに幅を広げていく覚悟だ。

「オリンピックは映像で見ても興奮します。ああ、あのコートに立てればな、とずっと思ってきました」

宮崎大輔の思いはすべての競技者に共通するものに違いない。いつの時代も、アスリートたちはそこにありったけの情熱をそそぎ続けている。

# あとがき

「魔物が棲んでいる」とは、オリンピックの特別さを表すためにしばしば使われてきた表現だ。あまりに手垢がつき過ぎた言葉で、ここに書くのもためらわれるくらいだが、これがたびたび使われるのもわからないではない。実際、オリンピックの舞台では、そう言いたくなるような出来事が起きるのである。

信じられないような大番狂わせが生まれる。不敗の絶対王者があっさりと敗れる。奇跡としか言いようがない復活劇が演じられるかと思えば、二度とは不可能な完璧演技が飛び出したりもする。さらには、世の中の常識では到底説明できないような不可思議が現れることさえあるのだ。「魔物」を引き合いに出したくもなるではないか。

どうして、そうなるのか。あれこれと理屈を探せないことはないが、そうするまでもなく、たったひとこと言えばいいようにも思う。「それがオリンピックというものだからだ」。それで、大方の人々は納得してしまうに違いない。オリンピックとは、それほど特別な存在なのである。
我々のようなファンが否応なく惹きつけられ、夢中になるのも同じことだろう。大きく変貌し、さまざまなゆがみも目立つ近年のオリンピック。それでも熱い視線をそそがずにはいられない。そこには確かに、オリンピックならではの魔力があるようだ。さて、二〇二〇年には、どんな魔法に出合えるのだろうか。

佐藤次郎

令和元年五月一日

| | 開催年 | 場所 | 掲載選手 | 生没年 | 競技種目／役割 |
|---|---|---|---|---|---|
| 黎明 | 1912 | ストックホルム | 三島彌彦 | 1886 ～ 1954 | 陸上（短距離） |
| | 1912 | ストックホルム | 金栗四三 | 1891 ～ 1983 | マラソン |
| | 1916 | 中止（ベルリン） | | | |
| | 1920 | アントワープ | 熊谷一彌 | 1890 ～ 1968 | テニス |
| | 1924 | パリ | 内藤克俊 | 1895 ～ 1969 | レスリング |
| | 1928 | アムステルダム | 織田幹雄 | 1905 ～ 98 | 陸上（三段跳び） |
| | 1928 | アムステルダム | 人見絹枝 | 1907 ～ 31 | 陸上（800 m） |
| | 1932 | ロサンゼルス | 西竹一 | 1902 ～ 45 | 馬術 |
| | 1932 | ロサンゼルス | 城戸俊三 | 1889 ～ 1986 | 馬術 |
| | 1936 | ベルリン | 日本代表チーム | | サッカー |
| | 1936 | ベルリン | 西田修平<br>大江季雄 | 1910 ～ 97<br>1914 ～ 41 | 陸上（棒高跳び） |
| | 1936 | ベルリン | 前畑秀子 | 1914 ～ 95 | 水泳（平泳ぎ） |
| | 1940 | 中止（東京返上） | 副島道正 | 1871 ～ 1948 | IOC 委員 |
| 再出発 | 1944 | 中止（ロンドン） | | | |
| | 1948 | ロンドン<br>（参加できず） | | | |
| | 1952 | ヘルシンキ | 古橋廣之進 | 1928 ～ 2009 | 水泳（自由形） |
| | 1952 | ヘルシンキ | 橋爪四郎 | 1928 ～ | 水泳（自由形） |
| | 1952 | ヘルシンキ | エミール・ザトペック | 1922 ～ 2000 | 陸上（長距離、マラソン） |
| | 1952 | ヘルシンキ | 霜鳥武雄 | 1928 ～ | レスリング |
| | 1952 | ヘルシンキ | 吉川綾子 | 1933 ～ | 陸上（100 m、走り幅跳び） |
| | 1952 | ヘルシンキ | 吉野トヨ子 | 1920 ～ 2015 | 陸上（円盤投げ） |
| | 1952 | ヘルシンキ | 五人のサムライ | | 体操 |
| | 1956 | メルボルン | ロン・クラーク | 1937 ～ 2015 | 最終聖火ランナー |
| | 1956 | メルボルン | 石本隆 | 1935 ～ | 水泳（バタフライ） |
| | 1956 | メルボルン | 米倉健治 | 1934 ～ | ボクシング |
| | 1956 | メルボルン | 高橋ヨシ江 | 1932 ～ | 陸上（走り幅跳び） |
| | 1960 | ローマ | 東北大クルー | | ボート |
| | 1960 | ローマ | 穂積八洲雄 | 1936 ～ | ヨット |
| | 1960 | ローマ | 山中毅 | 1939 ～ 2017 | 水泳（自由形） |
| | 1960 | ローマ | アベベ・ビキラ | 1932 ～ 73 | マラソン |

| | 開催年 | 場所 | 掲載選手 | 生没年 | 競技種目／役割 |
|---|---|---|---|---|---|
| 世紀の祭典 | 1964 | 東京 | 坂井義則 | 1945 ～ 2014 | 最終聖火ランナー |
| | 1964 | 東京 | 日本代表チーム | | ホッケー |
| | 1964 | 東京 | 三宅義信 | 1939 ～ | 重量挙げ |
| | 1964 | 東京 | 日本代表チーム | | サッカー |
| | 1964 | 東京 | ヨット FD 級選手 | | ヨット |
| | 1964 | 東京 | 佐々木吉蔵 | 1912 ～ 83 | 陸上競技スターター |
| | 1964 | 東京 | 吉田義勝 | 1941 ～ | レスリング |
| | 1964 | 東京 | 田中聡子 | 1942 ～ | 水泳（背泳ぎ） |
| | 1964 | 東京 | 日本代表チーム | | バスケットボール |
| | 1964 | 東京 | ハンセンとラインハルト | | 陸上（棒高跳び） |
| | 1964 | 東京 | フルーレ団体チーム | | フェンシング |
| | 1964 | 東京 | 八〇〇㍍リレーチーム | | 水泳（リレー） |
| | 1964 | 東京 | 小野清子 | 1936 ～ | 体操 |
| | 1964 | 東京 | 花原勉 | 1940 ～ | レスリング |
| | 1964 | 東京 | 中谷雄英 | 1941 ～ | 柔道 |
| | 1964 | 東京 | 円谷幸吉とパートナー | 1940 ～ 1968 | マラソン |
| | 1964 | 東京 | 早田卓次 | 1940 ～ | 体操 |
| | 1964 | 東京 | 男子代表チーム | | バレーボール |
| | 1964 | 東京 | 小野喬 | 1931 ～ | 体操 |
| | 1964 | 東京 | 土門正夫 | 1930 ～ 2017 | 中継アナウンサー |
| 過渡期 | 1968 | メキシコシティー | 加藤明 | 1933 ～ 82 | 女子バレーボールコーチ |
| | 1968 | メキシコシティー | デットマール・クラマー | 1925 ～ 2015 | サッカー代表指導者 |
| | 1968 | メキシコシティー | ベラ・チャスラフスカ | 1942 ～ 2016 | 体操 |
| | 1968 | メキシコシティー | ブラックパワー・サリュート | | 陸上 200 m 表彰式 |
| | 1972 | ミュンヘン | 田口信教 | 1951 ～ | 水泳（平泳ぎ） |
| | 1972 | ミュンヘン | 竹田恆和 | 1947 ～ | 馬術 |
| | 1972 | ミュンヘン | 男子代表チーム | | バレーボール |
| | 1972 | ミュンヘン | アベリー・ブランデージ | 1887 ～ 1975 | IOC 会長 |
| | 1976 | モントリオール | 生井けい子 | 1951 ～ | バスケットボール |
| | 1976 | モントリオール | 五十嵐久人 | 1951 ～ | 体操 |
| | 1976 | モントリオール | 道永宏 | 1956 ～ | アーチェリー |
| | 1976 | モントリオール | 上村春樹 | 1951 ～ | 柔道 |

| | 開催年 | 場所 | 掲載選手 | 生没年 | 競技種目／役割 |
|---|---|---|---|---|---|
| 激動の記憶 | 1980 | モスクワ（日本不参加） | 長義和 | 1953～ | 自転車 |
| | 1980 | モスクワ（同） | 津田眞男 | 1952～ | ボート |
| | 1980 | モスクワ（同） | 瀬古利彦 | 1956～ | マラソン |
| | 1984 | ロサンゼルス | 室伏重信 | 1945～ | 陸上（ハンマー投げ） |
| | 1984 | ロサンゼルス | 富山英明 | 1957～ | レスリング |
| | 1984 | ロサンゼルス | 森末慎二 | 1957～ | 体操 |
| パラリンピック | 1964 | 東京 | 中村裕 | 1927～84 | 選手団長 |
| | 1964 | 東京 | 初の選手たち | | |
| | 1964 | 東京 | 須崎勝巳 | 1942～ | 車いすバスケットボールなど |
| | 1976～88 | トロント～ソウル | 星義輝 | 1948～ | 車いすバスケットボール |
| | 1984～ | ニューヨークから7大会 | 尾崎峰穂 | 1963～ | 陸上（視覚障害部門） |
| | 2000 | シドニーほか | 岡紀彦 | 1964～ | 車いす卓球 |
| | 2000 | シドニー | 臼井二美男 | 1955～ | 義肢装具士 |
| | 2012・16 | ロンドン・リオ | 浦田理恵 | 1977～ | ゴールボール |
| | 2016 | リオデジャネイロ | 成田真由美 | 1970～ | 水泳 |
| | 2016 | リオデジャネイロ | 鈴木徹 | 1980～ | 陸上（走り高跳び） |
| 発展 | 1988 | ソウル | 長谷川智子 | 1963～ | 射撃 |
| | 1988 | ソウル | 井上悦子 | 1964～ | テニス |
| | 1988 | ソウル | 太田章 | 1957～ | レスリング |
| | 1992 | バルセロナ | 岩崎恭子 | 1978～ | 水泳（平泳ぎ） |
| | 1992 | バルセロナ | ドリームチーム | | バスケットボール |
| | 1992 | バルセロナ | 古賀稔彦 | 1967～ | 柔道 |
| | 1996 | アトランタ | 有森裕子 | 1966～ | マラソン |
| | 1996 | アトランタ | 杉浦正則 | 1968～ | 野球 |
| | 1996 | アトランタ | モハメド・アリ | 1942～2016 | 聖火最終点火者 |

| | 開催年 | 場所 | 掲載選手 | 生没年 | 競技種目／役割 |
|---|---|---|---|---|---|
| 新世紀 | 2000 | シドニー | 古章子 | 1973～ | トランポリン |
| | 2000 | シドニー | 高橋尚子 | 1972～ | マラソン |
| | 2000 | シドニー | ファン・アントニオ・サマランチ | 1920～2010 | IOC会長 |
| | 2004 | アテネなど | 長谷場久美 | 1963～ | ウエイトリフティング監督 |
| | 2004 | アテネ | 鈴木桂治 | 1980～ | 柔道 |
| | 2004 | アテネ | 赤石光生 | 1965～ | レスリング・アフガニスタン選手団コーチ |
| | 2008 | 北京 | 平原勇次 | 1972～ | バスケットボール審判 |
| | 2008 | 北京 | 上野由岐子 | 1982～ | ソフトボール |
| | 2012 | ロンドンなど5大会 | 武田大作 | 1973～ | ボート |
| | 2012 | ロンドン | 小原日登美 | 1981～ | レスリング |
| | 2016 | リオデジャネイロ | 石原奈央子 | 1974～ | クレー射撃 |
| | 2016 | リオデジャネイロ | 日本代表チーム | | 水球 |
| 2020へ | 2020 | 東京 | 金戸ファミリー | | 飛び込み |
| | 2020 | 東京 | 青梅のカヌー | | カヌー・スラローム |
| | 2020 | 東京 | 宇津木麗華 | 1963～ | ソフトボール監督 |
| | 2020 | 東京 | 野口啓代 | 1989～ | スポーツクライミング |
| | 2020 | 東京 | 長島理 | 1979～ | パラバトミントン |
| | 2020 | 東京 | 喜友名諒 | 1990～ | 空手・形 |
| | 2020 | 東京 | 宮﨑大輔 | 1981～ | ハンドボール |

・「運動世界」明治44年3月号、同45年3月号、大正2年3月号
・大日本體育協會「大日本體育協會史」１９３６
・鈴木良徳「オリンピック外史」ベースボール・マガジン社　１９８０
・山本邦夫「近代陸上競技史」道和書院　１９７４
・織田幹雄「陸上競技百年」時事通信社　１９７０
・学習院大学史料館「ミュージアム・レター19号」２０１２
・金栗四三、明石和衛「ランニング」菊屋出版部　１９１６
・豊福一喜、長谷川孝道「走れ25万キロ　マラソンの父金栗四三伝」講談社　１９７１
・関東学生陸上競技連盟「栄光を讃えて　箱根駅伝80回大会記念誌」２００４
・「金栗四三翁遺品図録」和水町教育委員会　２０１３
・熊谷一彌「テニスを生涯の友として」講談社　１９７６
・大日本體育協會編「第八回巴里國際オリムピック競技大會報告書」體育研究社　１９２５
・「オリムピックみやげ」大阪毎日新聞社　１９２４
・織田幹雄「人間の記録　織田幹雄　わが陸上人生」日本図書センター　１９９７
・早稲田大学大学史資料センター「世界への跳躍　限界への挑戦」２０１４
・中条一雄「中条一雄の仕事」サクセスブック社
・「女性體育」
・人見絹枝／織田幹雄、戸田純編「人間の記録　人見絹枝　炎のスプリンター」日本図書センター　１９９７
・「オール讀物増刊号」文藝春秋　１９５８
・吉橋戒三「西とウラヌス　西竹一大佐伝」フジ印刷工芸社　１９６９
・根岸競馬記念公苑学芸部編「栄光の金メダリスト　西竹一とオリンピック馬術」根岸競馬記念公苑　１９８４
・竹田恒徳「馬よもやま話」ベースボール・マガジン社　１９８９
・日本馬術連盟「バルセロナ・オリンピック大会馬術競技記録誌」１９９３
・大野芳「オリンポスの使徒　バロン西伝説はなぜ生れたか」文藝春秋　１９８４
・日本國際馬術協會「第十回國際『オリムピック』馬術競技報告」
・大日本體育協會「第十回オリムピック大會報告」１９３３
・大日本體育協會「第十一回オリムピック大會報告書」１９３７

・日本陸上競技聯盟「第十一回伯林オリムピック大會陸上競技報告書」1937
・大日本蹴球協會「蹴球」
・「わだち　川本泰三遺稿集」1991
・日本蹴球協会編「日本サッカーのあゆみ」講談社 1974
・堀江忠男「わが青春のサッカー」岩波書店 1980
・兵藤秀子「前畑ガンバレ」金の星社 1981
・兵藤秀子「前畑は二度がんばりました」ごま書房 1985
・大日本體育協會「オリムピック」1936
・「第十二回オリンピック東京大會組織委員會報告書」1939
・坂上康博・高岡裕之編著「幻の東京オリンピックとその時代」青弓社 2009
・日本水泳連盟「水連四十年史」1969
・ベースボール・マガジン社編「人間　田畑政治」ベースボール・マガジン社 1985
・古橋廣之進「人間の記録　古橋廣之進　力泳三十年」日本図書センター 1997
・古橋廣之進「熱き水しぶきに」東京新聞出版局 1986
・小野泰男編著「体操日本栄光の物語　金メダルの王者の百年史」日本体操協会 1972
・山本邦夫「日本陸上競技史」道和書院 1979
・FRコジック「ザトペック　勝利への人間記録」朝日新聞社 1956
・ズデニェク・トーマ「人間機関車　エミル・ザトペックの実像」ベースボール・マガジン社 1982
・日本体育協会「第十六オリンピアード大会報告書」1958
・日本体育協会「第十七回オリンピック競技大会報告書」1962
・ティム・ジューダ「アベベ・ビキラ」草思社 2011
・山田一廣「アベベを覚えてますか」新声社 1984
・「朝日ジャーナル」1979年1月26日号　朝日新聞社
・オリンピック東京大会組織委員会「第十八回オリンピック競技大会公式報告書」1966
・大松博文「なせば成る！」講談社 1964
・大松博文「バレーボールの心」ベースボール・マガジン社 1975
・河西昌枝「バレーにかけた青春」講談社 1965
・日本バレーボール協会「日本バレーボール協会五十年史」1982
・松平康隆「負けてたまるか！」柴田書店 1972
・松平康隆「ザ・バレーボール」新潮社 1984

- 日本体育協会「日本スポーツ百年」1970
- 日本体育協会「日本体育協会五十年史」1963
- 日本レスリング協会「日本レスリング協会80年史」2012
- 八田一朗「レスリング」旺文社 1953
- 八田一朗「勝負根性」実業之日本社 1975
- 八田一朗「私の歩んできた道」立花書房 1979
- 青山一郎「孤高のランナー 円谷幸吉物語」ベースボール・マガジン社 2008
- 橋本克彦「オリンピックに奪われた命」小学館 1999
- 日本体育協会「第19回オリンピック競技大会報告書」1969
- 日本体育協会/日本オリンピック委員会「第20回オリンピック競技大会報告書」1973
- 日本体育協会/日本オリンピック委員会「第21回オリンピック競技大会報告書」1976
- 日本体育協会/日本オリンピック委員会「第22回オリンピック競技大会報告書」1981
- 日本体育協会/日本オリンピック委員会「第23回オリンピック競技大会報告書」1984
- 日本オリンピック委員会「第24回オリンピック競技大会報告書」1989
- 日本オリンピック委員会「第25回オリンピック競技大会報告書」1993
- 日本オリンピック委員会「第26回オリンピック競技大会報告書」1997
- 日本オリンピック委員会「第27回オリンピック競技大会報告書」2001
- 日本オリンピック委員会「第28回オリンピック競技大会報告書」2004
- 日本オリンピック委員会「第29回オリンピック競技大会報告書」2008
- 日本オリンピック委員会「第30回オリンピック競技大会報告書」2013
- 日本オリンピック委員会「第31回オリンピック競技大会報告書」2017
- 猪谷千春「IOC オリンピックを動かす巨大組織」新潮社 2013
- ジュールズ・ボイコフ「オリンピック秘史」早川書房 2018
- ヴィヴ・シムソン アンドリュー・ジェニングズ「黒い輪」光文社 1992
- 三谷悠「アメリカを変えた 黒人アスリート偉人伝」カンゼン 2013
- ジョン・エンタイン「黒人アスリートはなぜ強いのか」創元社 2003

- ムハマッド・アリ「世界最強の男　ムハマッド・アリ自伝」早川書房　１９７６
- デイヴィス・ミラー「モハメド・アリの道」青山出版社　１９９７
- トマス・ハウザー「モハメド・アリ　その生と時代」東京書籍　１９９３
- デイビッド・レムニック「モハメド・アリ　その闘いのすべて」阪急コミュニケーションズ　２００１
- 松瀬学「サムライ・ハート　上野由岐子」集英社　２００８
- 上野由岐子「情熱力。」創英社／三省堂書店　２００９
- 国際身体障害者スポーツ大会運営委員会編「国際身体障害者スポーツ競技会　東京パラリンピック大会　報告書」　１９６５
- 中川一彦「身体障害者とスポーツ」日本体育社　１９７６
- 中村太郎「パラリンピックへの招待　挑戦するアスリートたち」岩波書店　２００２
- 中村裕「太陽の仲間たちよ」講談社　１９７５
- 中村裕、佐々木忠重「身体障害者スポーツ」南江堂　１９６４
- 中村裕伝刊行委員会編「中村裕伝」１９８８
- ルードウィヒ・グットマン　市川宣恭監訳「身体障害者のスポーツ」医歯薬出版　１９８３
- 日本オリンピック・アカデミー編著「ＪＯＡオリンピック小事典２０２０」メディアパル　２０１９
- 舛本直文「オリンピズムがわかる１００の真実　これがオリンピックだ」講談社　２０１８
- 笹川スポーツ財団「スポーツ歴史の検証　パラリンピアンかく語りき　障害者スポーツと歩む人々」２０１６
- 笹川スポーツ財団「スポーツ歴史の検証　日本のスポーツとオリンピック・パラリンピックの歴史」２０１７
- 笹川スポーツ財団「スポーツ歴史の検証　オリンピック・パラリンピックのレガシー」２０１８
- 東京日日新聞
- 東京朝日新聞
- 朝日新聞
- 毎日新聞
- 読売新聞
- 東京新聞
- 日刊スポーツ
- 報知新聞

【口絵写真提供】
＊＝ゲッティ／共同通信イメージズ
＊＊＝World History Archive ／ニューズコム／共同通信イメージズ
それ以外すべて＝共同通信社

【初出】
「オリンピアンたち　夢の系譜」
東京新聞・中日新聞サンデー版
2016年1月～ 2017年12月連載
なお、コラムは書き下ろし

著者紹介

佐藤次郎（さとう・じろう）

1950年横浜生まれ。中日新聞社に入社し、同東京本社（東京新聞）の社会部、特別報道部などをへて運動部勤務。夏冬合わせて6回のオリンピック、5回の世界陸上を現地取材。運動部長、編集委員兼論説委員を歴任したのち、2015年退社。スポーツライター、ジャーナリストとして本の執筆、評論活動などを続けている。

ミズノ・スポーツライター賞、JRA馬事文化賞を受賞。主な著書に『義足ランナー　義肢装具士の奇跡の挑戦』（東京書籍／2013年度読書感想画中央コンクール指定図書）、『東京五輪1964』（文春新書）、『砂の王　メイセイオペラ』（新潮社）など。

オリンピックの輝《かがや》き　ここにしかない物語《ものがたり》

2019年6月12日　第1刷発行

著　　者　佐藤次郎《さとうじろう》
発 行 者　千石雅仁
発 行 所　東京書籍株式会社
東京都北区堀船 2-17-1 〒 114-8524
営業 03-5390-7531 ／編集 03-5390-7455
https://www.tokyo-shoseki.co.jp

印刷・製本　株式会社リーブルテック

D T P　越海辰夫
編　　集　植草武士
ブックデザイン　難波邦夫（mint design）

ISBN978-4-487-81256-1 C0095